체제적 ICT 활용 수업의 이론과 실제

- 체제적 프로젝트 기반 수업 설계-

남정권(南廷權)

도서출판 **원미사**

WHAT IS THE MOST
VALUABLE IN THIS WORLD
IS TO APPLAUD GOD
NAM JEONG KWUN

글을 쓰면서...

한동안 세차게 내리던 빗줄기를 뒤로 하고 구름 사이로 태양이 얼굴을 반갑게 내밀고 있다. 그리고 어디선가 불어오는 시원한 바람은 어느새 겨울 문턱이 다가오고 있음을 느끼면서 계절의 변화만큼이나 변화무쌍(變化無雙)한 것이 우리의 삶이요, 일터이며 학습 현장이라 생각된다. 그런 의미에서 우리는 누구나 삶과 죽음이라는 정해진 길을 걸어가면서도 살아가는 방식은 모두가 다르다는 것을 인식하게 된다.

학습자들이 학문을 익히는 학습 과정도 여행하는 것과 마찬가지로 정해진 교육과정을 순서대로 따라 가면서 배우게 되지만, 학습하는 방법에 있어서는 서로 다른 두 가지 접근 방식을 갖게 된다. 즉, 우리의 삶이나 학습하는 방식이 거시적(macro) 관점에서 살펴보면 어떤 둘레 안에서 끊임없이 진행형으로 이루어져가는 과정으로 보이지만, 미시적(micro) 관점에서 들여다보면 어떤 절차나 공식보다는 순간의 상황과 환경에 어우러져 아름다운 조화를 만들어 가는 것과 같은 이치이다.

우리가 배우고 가르치는 환경은 서로 각기 다르기 때문에 학습 환경 또한 일정한 공식처럼 정해진 틀 속에서만 학습하는 것은 아니다. 한편, 문화와 학습 환경이 아무리 다를지라도 학습은 일정한 교육과정 안에서 순서대로 진행되어간다. 따라서 이 책에서는 일정한 틀과 형식을 단계적으로 다루려는 거시적 관점과 함께 학습 상황에 따라서 필요한 부분을 선택할 수 있는 미시적 관점이라는 두 가지 측면에서 접근하고자 시도하였다. 특히, 정보통신기술(ICT; Information & Communication

Technology)을 활용한 수업은 컴퓨터 리터러시(literacy)만을 단순히 습득하는 것이 아니라, 프로젝트에 기초한 수업 설계를 토대로 창의적인 학습이 진행될 수 있도록 고려되어야 한다. 따라서 거시적 관점에서는 단계적이고 선형적인 체계적(systematic) 접근을 따르지만, 여행이 끝난 후 출발지인 가정으로 되돌아와 성찰하고 재충전하는 일상의 삶처럼, 미시적 관점에서는 학습의 처음 단계로 순환하는 체제적(systemic) 접근이 필요하다.

그동안 ICT에 관련된 수많은 책들이 출간되어왔으나, 대부분 이론적 접근과 함께 체계적 접근의 학습 방법만을 강조함으로써 학습자가 학습 목표를 상실한 채 방법이나 도구를 중시하는 주객전도(主客顚倒) 학습 상황이 연출되기도 하였다. 학문에 있어서 이론이 없는 실제는 맹종이 되기 쉽고, 실제가 없는 이론은 공허해지기 쉽기 때문에 이 두 가지를 조화롭게 균형을 이루어 학습에 적용할 때, 학습자의 머리를 때리고 가슴을 울리는 진정한 학습이 될 수 있다고 믿는다. 따라서 이 책에서는 이론과 실제를 조화롭게 구성하되, 거시적 관점에서는 체계적 접근을 시도하였으며 미시적 관점에서는 체제적 접근을 시도하였다. 특히, 체제적 접근을 통해 ICT 활용 수업이 역동적인 상황에서 학습 현장에 쉽게 접목될 수 있도록 하기위해 제 2부에서는 프로젝트(project)기반 수업 설계 모형을 제시하였다. 또한, 이 글에 실린 일부 그림 자료들은 교육 대학원생들과 현직 교사들이 제작한 것들이며, 그들의 협조와 동의에 깊은 감사의 마음을 전한다.

교수자가 수업을 설계하기 위해서는 자신이 현재 어디로 가고 있으며, 어떻게 가고 있는지, 그리고 언제 도착할 것인지를 수시로 자문해야 한다(Mager, 1984). 이 글은 거시적 관점에서 제 1부 어디로 가고 있는가, 제 2부 어떻게 갈 것인가, 제 3부 언제 도착할 것인가에 관해 각각 학습 목적, 미시적 접근 방법, 목표 도달 시기 등 세 가지 영역으로 구성하였다. 이와 같이 정한 이유는 이들 세 가지의 영역이 수업을 설계하고 자료를 개발하여 완성하기까지 매우 중요한 활동이 되기 때문이다(Smith & Ragan, 2005). 한편, 미시적 관점에서는 제 2부에서 체제적 ICT 활용 수업 설계 방법을 구체적으로 다루었다. 이러한 미시적 접근 방법은 거시적 관점의 하위 영역으로서, 체제적 프로젝트 기반 수업을 위한 실천 가능한 설계 모형을 단계별로 제시하였다. 따라서 이 모형에 기초하여 학습 현장에서 프로젝트 수업을 진행하고자 할 때에는 교과나 학습자의 특성에 따라 필요한 부분을 선택하여 적용하면 될 것이다. 아무쪼록 본 교재가 ICT를 활용한 체제적 프로젝트 수업을 시도하려는 분들에게 도움이 되길 바라는 마음 간절하며, 여러 가지 미숙하고 부족한 부분은 아낌없는 질책을 바란다. 이 책이 나오기까지 늘 변함없는 마음으로 위로와 격려를 보내준 아내와 두 딸들, 그리고 어려운 여건에서도 기꺼이 출판을 맡아주신 도서출판 원미사 박준식 사장님과 관계자 분들께 깊은 마음의 감사를 전한다.

2007년, 성큼 다가온 봄날
인천 계양산 기슭
한국마을에서
남 정 권

✿ 차　　례 ✿

제 2 부
어떻게 갈 것인가?

제 3 부
언제 도착할 것인가?

제 1 부

어디로 가고 있는가?

❖ 학습의 목적

제 1 부 어디로 가고 있는가?

학습의 목적

제 1 부는 교수자와 학습자가 수업목표를 향해 제대로 가르치고 배우기 위한 물음이며, 학습의 목적을 제대로 알고 출발하자는 의도에서 설정하였다. 따라서 체제적 수업 설계와 ICT[1] 활용 수업[2], 프로젝트 기반 수업에 관한 이론적 고찰을 통해 학습하는 목적을 살펴보고자 한다.

제 1 장 체제적 수업 설계

1. 체제적 접근과 학습이론

(1) 체제적 접근과 체계적 접근

수업 설계의 방식에는 체제적(systemic) 접근과 체계적(systematic) 접근으로 나눌 수 있다. 체계적 접근이 논리적 순서에 따라 하나씩 절차를 따라가는 선형적이며 단계적인 방식(Molenda, Pershing, & Reigeluth, 1996)인 반면, 체제적 접근은 단계를 따르지 않고 언제, 어디서나 학습할 수 있는 통합적이고 전체적이며 순환적인 과정을 의미한다. 따라서

1) 'Information and Communication Technology'의 약자로서 정보통신기술을 뜻하며, 이 책에서는 'ICT'로 줄여서 사용하기로 한다.

2) 'Instruction'이란 학습자들이 매체를 통해 달성하려는 목적을 구조화하고 계획하는 사건(events) 및 활동들의 집합이다(Dick, Carey & Carey, 2005, p. 365). 이 책에서는 광의의 개념으로 해석하여 교육(敎育)이나 교수(敎授)를 구분하지 않고 수업(授業)이란 용어로 지칭하기로 한다.

체제적 접근의 수업 설계를 위해서는 설계자가 전체적인 수업 체제와 요소들이 상호의존적 관계라는 인식을 끊임없이 가져야한다(Molenda, Pershing, & Reigeluth, 1996).

그렇다면 교수설계에 있어서 설계자들은 왜 체제적 접근을 사용해야 하는가? 지금까지 다루어온 수업 설계는 체계적 접근으로 인해 성별이나 지역, 인종과 같은 학습자 특성이 무시되어 왔으며(Powell, 1997 ; Knupfer, 1997), 전체적인 수업 과정을 다루기 위해서는 이들 특성을 고려한 체제적 설계가 필수적이다(Richey, 1995).

특히, Dick과 Carey & Carey(2005)는 최근 개정된 그들의 저서 "The Systematic Design of Instruction" 제 6판에서 체제적 접근의 사용 이유를 다음과 같이 세 가지로 제시하고 있다.

첫째, 수업 설계를 할 때 - 학습 초기에 학습자들이 무엇에 대해 알거나 수업이 끝날 때 무엇을 할 수 있는지 등 - 구체적인 설명 없이 다음 단계로 이어지는 모든 계획과 실행 과정은 불분명하고 비효과적이기 때문에 보다 정밀하고 구체적인 설계가 필요하다.

둘째, 체제적 접근의 성공 여부는 수업 전략이 원하는 학습 결과와 어떠한 관계를 맺고 있는가에 달려있다. 그러한 이유는 학교 현장에서 수업 활동이 가르치는 기술(skill)과 특정 지식에 맞추어져 있기 때문에, 수업 전략에 적합한 학습 결과를 얻기 위해서는 적절한 조건들이 지원되어야 한다.

셋째, 체제적 접근이 성공을 거두기 위해서는 무엇보다 경험적이고 반복되는 과정이 필요하다. 수업의 목적이 단순히 지식만을 전달하는 것이 아니라 학습에 관련된 시간이나 평가, 또는 수정을 위해 기울이는 노력들이 가치 있게 제공되기 위해서는 체제적 접근이 되어야 한다.

지금까지 살펴본 것처럼 학습자의 환경이나 맥락을 고려한 체제적 수업 설계는 학습 도중에 발생하는 다양한 학습 환경들을 고려해야한다. 따라서 체계적 접근과는 달리 학습자가 중심이 되어야 하며, 이를 지원하기 위한 구성주의 이론을 기반으로 설계될 필요가 있다.

인식론적 관점에서 실증주의는 학습자의 마음속에 지식이 독립적으로 존재하며, 그러한 지식은 절대적인 진리라고 여긴다. 따라서 학습자에게 명확한 학습목표를 인식시키기 위해 다른 사람이나 외부에 의해 계획되고 만들어진 지식을 학습자에게 전달하려는 객관주의를 설계의 기본 틀로 삼는다. 이러한 수업 설계 방식은 교실에서 교수자에 의해 미리 결정되고 만들어진 제한된 지식들로서 교수자가 전달하고 학습자는 무조건 수용하는 교수자 중심의 수업이 되기 쉽다.

반면, 상대주의에서 지식이란 학습자에 의해 구성되는 것이며, 진리는 상황과 환경에 따라 결정되는 맥락적(contextual)인 것이라고 여긴다. 따라서 의미 있는 구성과 협상을 위해 풍부한 맥락이나 환경들이 제공된다. 이를 통해 학습자 내부에 지식이 구성되도록 함으로써 학습자 스스로 지식을 창조하고 만들어가는 구성주의를 설계의 기본 틀로 삼는다. 이러한 수업 설계 방식은 학습 환경을 중요시 하며, 학습자가 주도적으로 학습을 통제하는 대신 교수자는 단지 학습을 지원하고 촉진한다. 따라서 학습문제나 학습 요소들은 경험적이고 실제적인 것들이며, 사전에 학습 목표가 학습자와 논의되어 설정되기 때문에, 구성주의에서는 학습자 개개인에 의해 만들어진 지식들이 성찰되고 공유되는 학습자 중심의 수업이 가능하다.

지금까지 살펴본 내용을 요약하여 정리하면 〈표 1-1〉과 같다(Hannafin & Hill, 2002).

<표 1-1> 인식론적 관점과 실제적인 설계의 틀

인식론적 관점	설계의 기본 틀	설계의 실제
〈실증주의〉 - 지식이 독립적으로 학습자에게 존재함 - 절대적 진리가 있음	〈객관주의〉 - 지식이 외부에서 학습자 내부로 전달됨 - 명확한 목표 도달을 위해 조건을 배열함 - 지식이 외부에서 계획됨	〈전통적 설계〉 - 교실 - 감독 - 교사 지시; 학습자 수용 - 학습 목표가 미리 결정됨 - 객관적 정의 - 교사 주도적 활동, 매체, 평가 - 평가를 위해 결과물들이 교사에게 주어짐
〈상대주의〉 - 지식이 학습자에 의해 구성됨 - 맥락(상황)적 진리	〈구성주의〉 - 학습자가 지식을 구성하도록 안내함 - 의미 있는 구성과 협상 위해 풍부한 맥락이 제공됨 - 지식이 내부에서 구성됨	〈구성적 설계〉 - 환경 - 학습자 중심 - 교사 촉진; 학습자 통제 - 학습 목표가 협상됨 - 실제적인 학습 문제 및 맥락 - 맥락 중심의 활동, 매체, 평가 - 개인적으로 수집되고 성찰된 결과물의 공유 및 구성

(2) 행동주의 학습이론

행동주의 심리학은 학습을 인간행동의 변화로 보며, 객관주의 철학에 기초하고 있다. 따라서 학습은 외현적인 행동의 변화로 나타나야 하며, 이를 위해 Skinner는 자극과 반응의 연결 및 강화가 필요하다고 주장하였다. 행동주의 관점에서는 객관주의에 기초하기 때문에 지식이 학습자 내부에서 만들어 지는 것이 아니라, 학습자 외부의 세계 속에 객관적으로 존재하는 진리들을 발견해 내는 것으로 보고 있다. 따라서 행동주의 학습 방식에 있어서는 객관적으로 존재하는 진리들과 실체의 속성을 파악하여 체계적으로 정리한 후, 단순화시키고 구조화된 지식을 반복학습을 통해 암기하는데 목적이 있다. 이러한 행동주의 관점의 학습 설계 방식은 단계적이며 순차적이고 선형적인 체계적 설계 방식에 기인하기 때문에, 어떻게 수업 내용을 계열화하고 즉각적인 피드백을 제공할 것인가에 중점을 두게 된다. 그러나 행동주의 관점의 설계방식은 카오스(chaos)적이며 포스트모던(postmodern)적인 우리의 실생활과는 분리된 학습방식을 갖고 있기 때문에, 지나친 지식의 단순화와 구조화로 인해 구조화될 수 없는 복합적인 지식의 이해나 창조적이며 비 구조화된 학습은 접근하기 어려운 결점을 안고 있다.

[그림 1-1] 체계적 접근(상)과 체제적 접근(하)[3]

3) Site URL: http://www.naver.com/

(3) 인지주의 학습이론

행동주의 학습 방식이 구조화된 지식의 반복과 피드백으로 이루어진 자극과 반응의 결합에 의한 것이라면, 인지주의 학습 방식은 인지구조의 변화를 통한 발견학습에 중점을 두고 있다. 아하(A-ha) 이론으로 불리는 발견학습은 Köhler의 통찰이론에 근거를 두고 있으며, 통찰이란 학습 상황을 구성하는 지식 요소들 간의 관계를 파악하는 것이다. 통찰이론은 1916년 Köhler가 Sultan이라는 침팬지 실험을 통해 발전된 이론이다. 이는 침팬지가 천정에 매달린 바나나를 먹기 위해 주변 상황을 관찰하고 탐구하던 중, 한쪽에 놓여있는 의자를 발견하는 순간 머릿속에 떠오르는 순간적인 통찰(A-ha)을 획득하게 된다는 인지이론이다. 이러한 통찰 이론과 유사한 것으로는 Archimedes가 외친 Eureka나 Bruner의 발견학습, 지눌의 돈오사상, 원효의 유심사상, 만남의 교육 등이 있다. 따라서 인지주의 학습 관점에서는 어떻게 하면 인지구조의 변화를 통해 새로운 지식의 인지구조를 연결시켜 정보를 조직하거나 저장하고 인출할 것인가에 관심을 갖는다.

Bruner와 Ausubel에 의해 제기된 인지주의 학습방식에서는 세계 속에 존재하는 객관적인 사실이나 정보들을 필요에 따라 효과적으로 조직하고 인출하여 문제를 해결하고 정보를 처리하거나 추론해야 한다. 이를 위해 수업 설계를 할 때에는 상위인지 전략과 함께 정보의 구조화와 계열화가 필요하다.

이미 습득된 학습 결과를 효과적으로 전이하기 위해서는, 단기 기억고(short-term memory)에 저장되어있는 단편적이며, 일시적인 지식들을 기억 활성화 장치를 통해 장기 기억고(long-term memory)에 저장되도록 인지구조를 체계적으로 변화시켜 주어야 한다. 이러한 인지구조의 변화는 유의미한 학습(meaningful learning) 내용들이 되도록 구조화시켜야 한다. 예를 들어, 조선왕조의 왕 이름을 쉽게 암기하기 위해 이름의 앞 글자만을 규칙적으로 배열한다든지, 과학 수업에서 f(힘)=m(질량) × a(가속도)와 같이 공식화하는 방법이 여기에 해당된다.

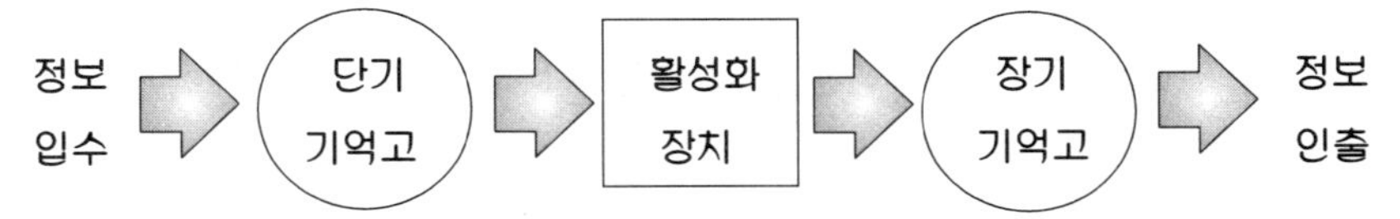

[그림 1-2] 인지구조의 처리 과정

지금까지 제시한 인지구조와 함께 Bruner(1996)는 지식을 표현하는 방식으로 작동, 영상, 상징이라는 세 가지 요소를 제안하였다.

첫째, 작동이란 교사가 실물 그대로의 제시를 통해 학습자를 이해시키는 방식으로서 어떤 결과를 얻는데 필요한 행동을 의미한다. 예를 들어, 덧셈을 가르칠 때 귤 3개와 사과 2개를 제시하여 가르치는 경우이다.

둘째, 영상이란 덧셈의 원리를 실물이 아니라, 그림이나 영상을 통하여 학습자를 이해시키는 방식이다. 귤 3개를 모아놓은 그림과 사과 2개를 모아놓은 그림을 보여주어 덧셈의 원리를 이해시키는 형태로서, 이는 개괄적인 도표나 영상을 사용하는 경우이다.

셋째, 상징이란 실제 숫자 3과 2를 더하여 결과를 얻도록 공식이나 언어를 사용하는 방식으로서, 규칙 또는 상징적이며 논리적인 명제를 가리킨다.

(4) 구성주의 학습이론

구성주의 학습 관점은 행동주의 학습 방식에서 제기되는 복잡하고 비 구조화되어있는 지식들을 쉽게 이해하기 위하여 논의된 이론이다. 구성주의에서는 교육이 사실이나 개념 또는 원리를 가르치는 것이 아니라, 어떻게 해석 하는가에 관심을 갖는다. 따라서 구성주의 관점의 수업 설계는 단순히 결과를 보여주기 위한 방법을 교사가 미리 정하는 것이 아니라, 학습자가 지식을 배워가는 과정 속에서 개발되도록 촉진하고 지원되어야 한다. Piaget와 Vygotsky는 구성주의 학습이론의 대표자로서 특히, Vygotsky는 ZPD(Zone Period Development; 근접 발달)영역에서 학습자를 지원하기 위한 비계(scaffolding)의 중요성을 강조하였다.

따라서 구성주의 관점에서는 교수(teaching)보다는 학습에 관심을 두고 있으며, 지식이 외부 세계에 존재하는 것이 아니라 학습자가 경험하는 마음속에서 어떻게 구성되어 가는가에 달려있다고 본다. 또한, 주관주의 관점의 철학에 기초를 두고 있으며, 학습 환경의 상황적 맥락(context)과 함께 문화나 학습 환경을 중시한다. 따라서 비구조화 되고 복잡한 학습 환경은 개인의 능력으로는 해결될 수 없기 때문에 협력활동과 상호작용을 통해 주어진 문제를 해결한다. 이러한 이유에서 구성주의는 학습자의 능동적인 학습 참여와 함께 인지적 융통성을 강조하고 있다.

구성주의 이론에서는 인지적 도제 학습을 통해 학습자가 전문가나 교사의 행위를 관찰하고 모방하도록 지원하고 있다. 이러한 인지적 도제 학습 형태로는 모방(modeling)이나 지도(coaching), 비계(scaffolding), 성찰(reflection)등이 있다. 한편, 인지적 도제 학습과 함께 구성주의 이론에서는 앵커드(anchored) 수업을 강조하고 있다. 이는 학습자에게 실제 상황과 비슷하고 역동적인 문제 상황을 제시함으로써 지속적으로 탐구활동을 수행할 수 있도록 지원하는 수업 방식이다.

지금까지 살펴본 구성주의 학습 방식에서는 학습자들이 개인의 독창성을 살리기 위해 풍부한 학습 경험이 필요하며, 이를 지원하기 위해 다양한 환경이 제공되어야 한다. 그러나 학습자들이 처해있는 학습 환경과 문화적 요소들은 [그림 1-3]과 같이 매우 복잡하게 연결되어 있기 때문에, 여기서 발생하는 다양한 문제들을 해결하기 위한 구체적인 학습 전략이 필요하다.

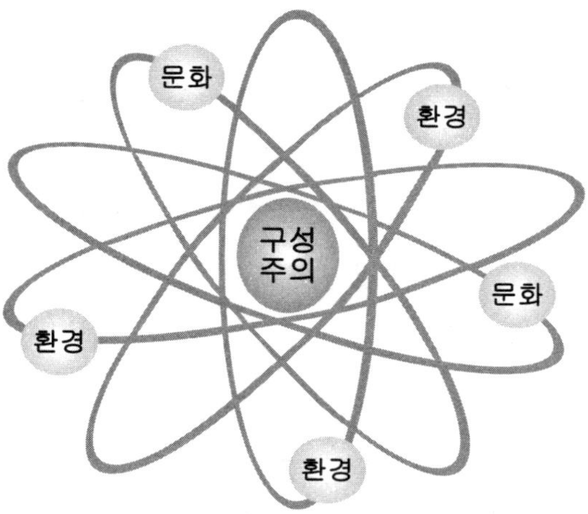

[그림 1-3] 구성주의 학습 환경의 메타포(metaphor)

2. 체제적 수업 설계의 개념

(1) 체제적 수업 설계 이론

체제적 접근을 기초로 하는 체제적 수업 설계는 경험적(empirical)이고 반복 가능한(replicable) 과정으로 이루어지며(Dick & Carey, 1990), 전체적인 수업 과정을 다루기 때문에 기존의 체계적 수업 설계 대신 체제적 수업 설계가 필수적이다(Richey, 1995). 따라서 체제적 수업 설계는 일정한 순서에 따라 정해진 학습 과정을 단계별로 따라가는 것이 아니라 학습자의 수준과 능력에 따라서 다양한 경로를 통해 학습 과정을 수행해갈 수 있으며, 때로는 이전 과정으로 되돌아가 언제든지 필요한 학습 과정을 반복할 수 있다. 이러한 체제적 수업 설계는 학습자가 살고 있는 실제 상황 속에서 학습을 수행할 수 있도록 학습자 중심이 되어야 한다(Gustafson & Branch, 2002). 이를 위해 설계자는 학습자들이 수업 목표를 잃지 않도록 목표 중심(goal-oriented) 설계에 초점을 맞추고 팀(team)별로 학습 경험을 통해 산출된 자료가 신뢰롭고 확실하게 측정될 수 있어야 한다.

또한, 체제적 설계 과정에서는 효과적이고 효율적이며 융통적인 수업을 위해 학습자들의 협력뿐 아니라 이들이 서로 어떻게 상호작용 하는지를 분석해야하는데(Reiser, 2002), 수업 활동을 지원하기 위한 상호작용은 학습자와 수업내용, 학습자와 교수자, 학습자와 학습자간의 세 가지 유형이 주로 사용된다(Moore, 1989).

우리가 수업 설계를 하고자 할 때, 설계자로서 고려해야 할 중요한 세 가지 요소는 비용(cost)과 함께 접근성(access)과 질(quality)적인 문제이다. 이 가운데 수업의 질적인 문제는 교육에 있어서 매우 중요한 영역을 차지하고 있다(Hawkridge, 2002). 따라서 수업내용의 질과 함께 수업과정의 질적인 타당성을 확보하기 위해서는 서술적 이론과 함께 처방적 이론에 기초한 수업 설계를 함께 고려할 필요가 있다. 서술적 이론에서는 a라는 수업방법이 b라는 조건하에서 실행된다면, c라는 결과가 얻어지는 반면, 처방적 이론은 b라는 조건하에서 c라는 결과를 얻기 위해서 a라는 수업방법을 사용해야 한다는 것을 뜻한다. 이 때 서술적 이론에서는 수업방법과 학습 조건이 독립변인이고 결과가 종속변인이지만, 처방적 이론에서는 학습 조건과 결과가 독립변인에 해당하고 수업방법이 종속변인이 된다([그림 1-4] 참조). 예를 들어 처방적 이론이란 "특수학급(조건)에서 학습자의 흥미를 유발(결과)하기 위해 어떤 매체를 사용(방법) 할 것인가"를 미리 진단하여 처방하는 수업 설계 방식이다.

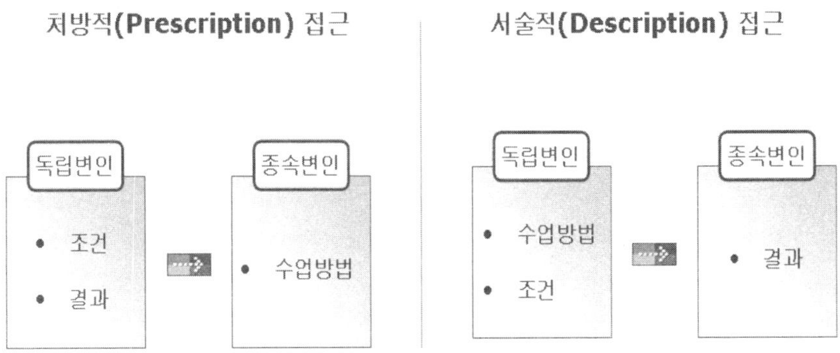

[그림 1-4] 처방적 이론과 서술적 이론

(2) 체제적 수업 설계 모형

지금까지 개발된 수업 설계 모형으로는 Andrews와 Goodson(1980)이 개발한 40개의 체계적(systematic) 수업 설계 모형을 비롯하여 Gustafson과 Branch(1997)가 분석한 13개의 모형 등 수없이 많다. 그러나 이 책에서는 수업 설계의 기본 모형이라고 할 수 있는 ADDIE 수업 설계 모형과 함께 이와 유사한 ASE 수업 설계 모형, 수정된 Dick과 Carey & Carey(2005)의 체제 접근 모형 등 3개의 수업 설계 모형을 소개하기로 한다.

1) ASE(분석, 전략, 평가)[4] 수업 설계 모형

대부분의 수업 설계 모형에서 빠짐없이 다루어지고 있는 분석, 전략, 평가의 세 가지 활동들(Smith & Ragan, 2005)은 학습자에게 학습하려는 목적은 물론 학습하는 방법과 함께 언제 목적지에 도착할 것인지를 알려준다. 이런 의미에서 설계자는 세 가지 활동들이 수업 설계에 반영되도록 설계해야 할 것이다.

Smith와 Ragan(2005)은 기존의 수업 설계 모형을 재구성하여 [그림 1-5]와 같은 ASE 모형을 제안하였는데, 이는 분석, 전략, 평가 과정이 순환하는 구조로서 체제적(systemic) 접근 모형으로 볼 수 있다. 이 가운데 분석 과정은 학습 환경이나 학습자 또는 학습 과제를 분석하는 것을 의미하며, 학습자가 학습목표를 향해서 제대로 가고 있는지에 관한 목적(Where)의 문제이다. 이러한 분석 결과를 토대로 설계자는 검사 항목을 작성하여 학습전략을 수립하게 된다. 두 번째 단계인 학습 전략의 수립과정은 학습 내용이나 수업 방식 등을 어떻게 조직할 것인가에 관한 조직 전략과 함께 학습자에게 효과적으로 메시지나 자료를 전달하기 위한 전달 전략, 교수·학습 자원에 관한 관리 전략이 결정된 후 프로그램을 제작하게 된다. 이러한 전략 과정은 학습자가 학습 목표에 어떻게 도달할 것인가에 관한 방법(How)의 문제로서, 학습 과정에 사용되는 교수

---

4) 분석(Analysis), 전략(Strategy), 평가(Evaluation)를 뜻하며, 필자는 ASE 모형으로 지칭하기로 한다.

전략과 교수매체의 구체적인 사용에 관한 전략이다. 세 번째 단계인 평가 과정에서는 학습자가 계획된 시기에 제대로 학습목표에 도달했는지 형성평가를 통해 알아보는 시기(When)에 관련된 부분이며, 프로그램을 수정한 후 이전의 분석 단계와 전략 단계로 다시 되돌아가 수행한다.

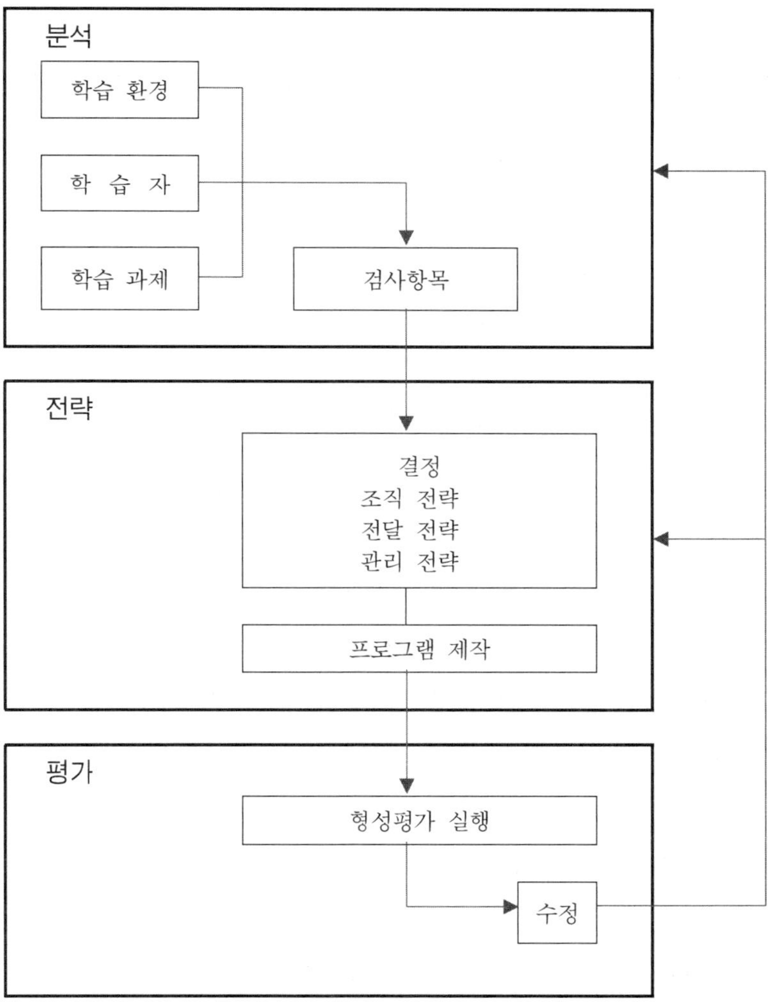

[그림 1-5] Smith와 Ragan(2005)의 ASE 수업 설계 모형

2) ADDIE 수업 설계 모형

선형적이며, 단 방향(mono directional)이었던 2차원 ADDIE 수업 설계 모형(Briggs, 1977; Shrock, 1991)은 Ritchie와 Hoffman(1996)에 의해 반복적이며, 순환적인 2차원 ADDIE 수업 설계 모형으로 재구성되었다([그림 1-6] 참조).

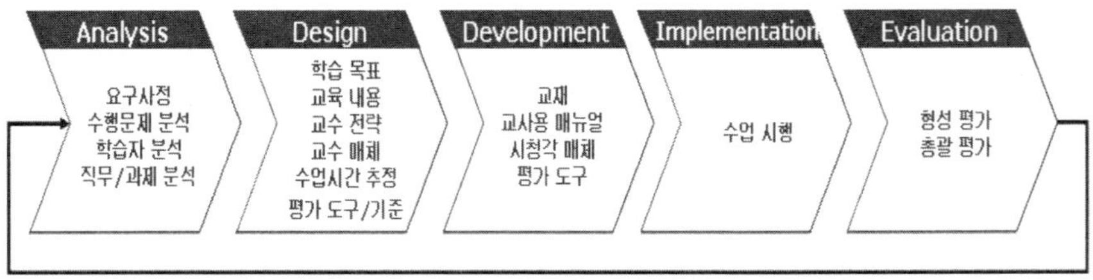

[그림 1-6] ADDIE 수업 설계 모형

이러한 2차원 ADDIE 수업 설계 모형은 체제적 설계의 기본 모형으로서 분석, 설계, 개발, 실행, 평가의 다섯 가지 영역을 순차적으로 순환하면서 수행하는 체제적 접근 모형이다. 여기서 다섯 가지 영역에 대한 설계 방식은 수업 내용이 객관주의 이론에 기초한 것인지, 또는 구성주의 이론에 따른 것인지에 따라 〈표 1-2〉[5]와 같이 각각 다르게 구성된다. 이 가운데 구성주의 설계 방식은 다음과 같은 네 가지 원리에 의해 학습되도록 설계될 필요가 있다(Papert, 1980).

첫째, 개개인은 능동적인 학습자이며, 학습자들은 자신의 학습 과정을 조절한다.

둘째, 개개인은 자신의 이해가 반영된 확실한 증거(물)이나 실재적인

5) ADDIE 모형을 객관주의와 구성주의 관점에서 살펴본 수업 설계 방식이며, Hannafin과 Hill(2002)에 의해 고안되었다(p.76).

것을 창조한다.

셋째, 결과물들은 자신의 이해 폭을 넓힐 수 있게 반영된 것들이며, 서로 협력하여 공유해야한다.

넷째, 학습 문제와 환경들은 그들이 실제로 문제를 해결하는데 집중하도록 실재적인 것이어야 한다.

<표 1-2> ADDIE 수업 설계 모형의 철학적 접근

수업 설계 영역	객관주의 방식	구성주의 방식
분석 (Analysis)	• 내용 • 학습자 • 수업 요구 • 수업 목적	• 환경 • 학습자 • 문제 규명 • 확인된 주요 개념
설계 (Design)	• 수업 목표 • 직무 분석 • 규준 사정	• 학습 목적 • 학습계열(집단/개인) 확인 • 맥락 기인 평가
개발 (Development)	• 수업 매체 개발	• 학습 자원/산출물 구성
실행 (Implementation)	• 교수자: 전달, 주도적 • 학습자: 수용, 획득 • 초점: 목표 달성	• 교수자: 상담, 촉진 • 학습자: 주도, 조절 • 초점: 문제 해결
평가 (Evaluation)	• 무엇을 알고 있는가 • 아는 방법에 대한 지식	• 어떻게 알고 있는가 • 방법 이외의 지식

한편, ADDIE 수업 설계 모형은 [그림 1-5]에서 제시한 Smith와 Ragan(2005)의 ASE 수업 설계 모형과 유사하다. ADDIE 수업 설계 모형

의 분석과 평가 영역은 ASE 수업 설계 모형과 같지만 설계, 개발, 실행의 세 영역은 ASE 수업 설계 모형의 전략 영역으로 간주된다. 따라서 ASE 수업 설계 모형은 ADDIE 수업 설계 모형을 기본으로 설계된 것으로 생각되며, 이들의 관계를 나타내면 〈표 1-3〉과 같다.

<표 1-3> ASE 수업 설계 모형과 ADDIE 수업 설계 모형의 비교

ASE 수업 설계 모형		ADDIE 수업 설계 모형	
과정	내 용	과정	내 용
분석	• 학습 환경 분석 • 학습자 분석 • 학습 과제 분석	분석	• 요구사정, 수행문제 분석, 학습자 분석, 직무 및 과제 분석
전략	• 조직 전략 • 전달 전략 • 관리 전략	설계	• 학습목표, 교육내용, 학습자 활동, 교수전략, 매체, 적정수업 시간의 추정, 평가 도구의 기준
		개발	• 교재, 교사용 매뉴얼, 시청각 매체, 평가 도구
		실행	• 수업 시행
평가	• 형성 평가 • 수정 및 환류	평가	• 형성평가, 총괄 평가 • 수정 및 환류

3) 수정된 Dick과 Carey & Carey의 체제 접근 모형

Dick과 Carey & Carey(2005)는 자신들이 이전에 발표한 수업 체제 설계 모형을 다시 수정하여 Dick과 Carey & Carey의 체제 접근 모형을 개발하였다. 이 모형은 이전의 ① '참여 행동 확인' 과정을 '학습자 및 환경 분석' 으로 ② '사정 규준 항목 개발' 과정을 '평가 도구 개발' 로 ③ '수업 매체 선택' 과정을 '수업 매체 개발과 선택' 항목으로 각각 변경하였다. 이와 같이 수정된 Dick과 Carey & Carey의 체제 접근 모형은 분석과 개발, 평가에 역점을 두었으며, 이는 결국 분석, 전략, 평가의 ASE 수업 설계 모형이나 ADDIE 수업 설계 모형과 유사한 것으로 해석된다.

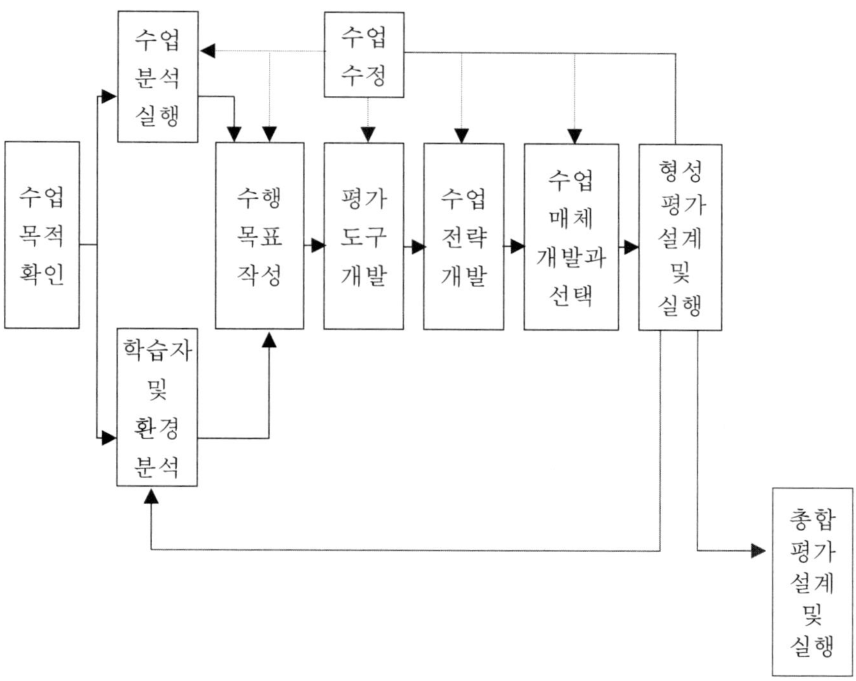

[그림 1-7] 수정된 Dick과 Carey & Carey의 체제 접근 모형

Dick과 Carey & Carey는 [그림 1-7]의 체제 접근 모형을 다음과 같이 10개의 과정으로 나누어 설명하고 있다.

첫째, 수업 목적 확인 과정은 체제적 수업 설계를 위해서 가장 먼저 수행된다. 이 과정을 통해 학습자들은 수업이 완성되었을 때 자신들이 무엇을 할 수 있는가를 결정하며, 수행 분석이나 요구사정, 실제적 경험, 또는 새로운 수업을 위해 필요한 것들로부터 수업 목적을 발견하게 된다.

둘째, 수업 분석 실행 과정은 학습자들이 수업 목적을 알고 난후, 목적을 수행할 때 자신들이 무엇을 할 것인지를 단계적으로 결정하게 된다. 특히, 수업 분석의 마지막 단계에서 학습자들은 수업을 시작하는데 필요한 참여 행동으로서의 기술이나 지식, 태도 등을 결정하게 된다.

셋째, 학습자 및 환경 분석 과정은 학습자들이 현재 배우고 있는 기술이나 선호도 및 태도 등 다양한 환경을 통하여 수업의 특징에 가장 적절하게 사용되는 기술이 어떤 것인지를 결정하게 된다. 이러한 과정은 성공적인 수업을 위해 중요한 수업 전략 단계이다.

넷째, 수행 목표 작성 과정은 수업 분석과 참여 행동에 관한 진술문을 토대로 학습자가 수업을 마칠 때 무엇을 할 것인가를 명확한 문장으로 작성하는 과정이다. 이처럼 작성된 문장은 수업 분석을 통해 성공적인 수행 규준과 함께 학습자들이 사용해야하는 기술이 무엇인지를 확인하도록 안내해준다.

다섯째, 평가 도구 개발 과정은 이미 작성된 수행 목표를 기초로 이루어진다. 따라서 이 과정에서는 학습자가 수업목표에 규정된 것들을 수행 할 수 있는지를 측정하기 위해 평가 도구를 개발하기 때문에 수업목표에 설명된 기술들의 종류가 평가 요구와 직접 관련되어야 한다.

여섯째, 수업 전략의 개발 과정이다. 이 과정은 지금까지 수행한 다섯 가지 단계로부터 얻어진 정보를 기초로 최종 수업 목표 도달을 위해 사용될 전략을 확인하는 단계이다. 전략에는 이전의 수업 활동이나 내용 제시, 학습자 참여, 사정 및 수반되는 활동들이 모두 포함되며, 이러한 요소들은 학습 활동을 지원한다. 따라서 전략은 현재의 학습 이론 및 연구 결과와 함께 수업에 참여하는 학습자의 특성이나 가르칠 내용, 또는 수업 전달을 위해 사용되는 매체들의 특성 등이 수반되어야 한다. 한편, 이러한 특성들은 상호작용 수업, 중개 수업, 웹과 같은 매체를 사용하는 원격학습이나 전달 수업 등을 위한 계획과 매체의 선택과 개발에 사용된다.

일곱째, 수업 매체 개발과 선택과정에서는 수업을 위한 학습자 안내, 수업 매체, 사정(assessment) 등 다양한 수업 전략이 사용된다. 매체 개발에 관한 결정은 학습 결과의 유형, 관련 매체의 이용도, 이용 가능한 개발 자원에 달려있다.

여덟째, 형성평가 설계 및 실행과정은 수업이 개선되었는지를 확인하기위해 사용된 자료들의 집합이다. 형성 평가의 세 가지 유형은 일대일 평가, 소집단 평가, 현장 시행 평가 등이 있다. 평가의 각 유형들은 수업 개선을 위해 사용될 수 있는 다른 정보들을 설계자에게 제공하며, 여기서 얻어진 기술(skill)들은 매체나 교실 수업에 직접 적용될 수 있다.

아홉째, 수업의 수정 과정은 설계와 개발 과정의 마지막 단계이며, 수업에 관련된 제 요인들을 수정하는 것을 의미한다. 형성평가로부터 얻어진 자료는 수업 목표 도달을 위해 학습자가 겪은 어려운 경험과 수업 결핍에 관련된 것들을 요약하고 해석하게 된다. 이 모형에서 수업 수정이란 형성평가에서 얻은 자료를 토대로 단순히 수업 자체를 수정하는 것이 아니라, 수업 분석과 참여 행동에 관한 가정 및 학습자의 특성에 관한 타당도를 재시험하기 위해 사용된다. 이러한 과정으로 인해 수업 전략이 다시 검토되고, 좀 더 효과적인 도구를 만들기 위한 구체적인 수정 작업이 마지막까지 이루어진다.

열번째, 총합평가 설계 및 실행 과정은 설계 과정의 한 부분이 아니라 궁극적으로 수업의 효과성을 평가하는 것이다. 총합평가에서는 일반적으로 수업 설계자를 포함하지 않기 때문에 여기서도 고려되지 않았다.

제 2 장 ICT 활용 수업

1. ICT 활용 수업

(1) ICT 활용 수업의 개념

한국교육학술정보원(2001a)에 의하면, ICT란 정보기술과 통신기술의 합성어로서 넓은 의미에서 하드웨어(hardware)와 소프트웨어(software)를 이용하여 정보를 수집, 생산, 가공, 보존, 전달 및 활용하는 모든 방법을 의미한다. 한편, 캐나다의 알버타(Alberta)주 교육청(2002)[1]에서는 ICT를 의사소통하고 탐구하며, 결정을 내리고 문제를 해결할 수 있는 새로운 방법으로 정의하고 있으며, 영국의 교사 연수기관(Teacher Training Agendcy: TTA, 2001)[2]에서는 현재 이용 가능한 도구들로서, 교사가 수업할 때 사용하는 도구로 정의하였다. 따라서 ICT는 교사가 수업시간에 발생하는 문제를 해결하고 의사소통을 돕기 위해 정보를 활용하는 모든 방법과 도구라고 말할 수 있다. 이러한 의미에서 ICT는 학교 현장에서 수업활동을 지원하기 위해 사용되는 컴퓨터 리터러시(literacy)[3]와 도구(materials)라고 볼 수 있다.

ICT 활용 수업은 [그림 2-1]과 같이 소양 교육과 활용 교육으로 나눌 수 있다. 소양 교육이란 초등학교의 '실과', 중학교의 '컴퓨터', 고등학교의 '정보 사회와 컴퓨터' 교과를 통해 학습자들이 컴퓨터나 각종 정보

---

1) Alberta Site URL: http://ednet.edc.gov.ab.ca/ict/ictfront.asp.
2) TTA Site URL: http://ednet.edc.gov.ab.ca/ict/ictfront.asp.
3) 개인이 글을 읽고 쓸 수 있는 능력뿐 아니라, 문서로 기록된 자원(resources)에 기록하거나 접근하는 능력을 말한다(Wilson & Keil, 1999, p. 481).

기기, 멀티미디어 매체 및 응용프로그램을 다룰 수 있는 기본적인 소양을 기르는 것이 목적이다. 그러나 활용 교육은 기본적인 정보소양 능력을 바탕으로 학습 및 일상생활의 문제해결에 정보통신 기술을 적극적으로 활용할 수 있도록 교육용 CD-ROM 디스크를 이용하여 수업을 하거나 혹은 인터넷 등을 통해 웹 자료를 활용하는 교수 · 학습의 형태이다. 그러므로 학교현장에서는 소양교육에서 습득된 컴퓨터 사용능력을 바탕으로 교수 · 학습 활동에 적용하는 활용 교육을 통해 교과교육의 극대화를 도모하고 동시에 교수 · 학습 목표를 도달하는데 목적을 두어야 한다.

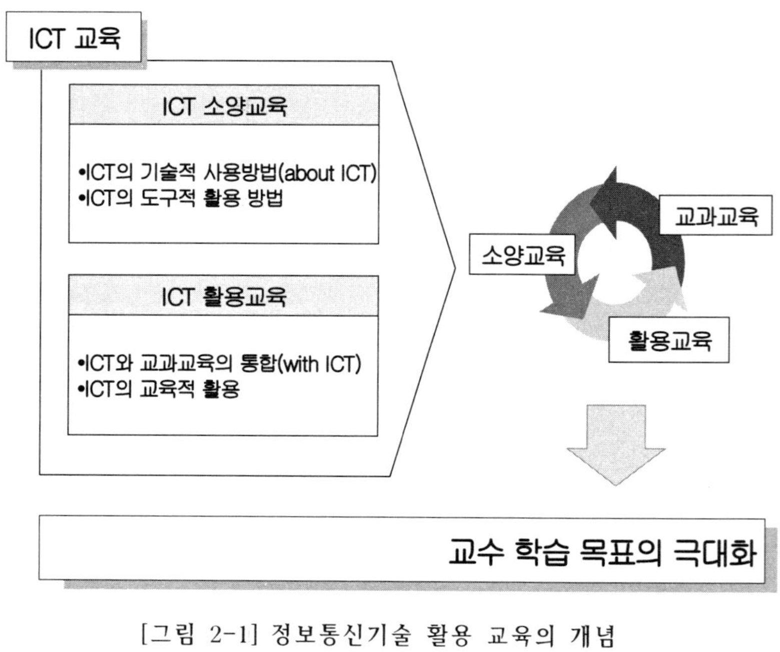

[그림 2-1] 정보통신기술 활용 교육의 개념

(한국교육학술정보원, 2001)

(2) ICT 활용 수업의 목적

정보화 사회에서 정보의 가치는 개인이 얼마나 많은 정보를 지니고 있느냐 보다는 사용 목적에 맞도록 어떻게 정보를 수집하여 가공하고 처리하는가에 달려있다. 따라서 지식정보화 사회에서 능동적이고 창의적인 삶을 살아가기 위해서는 전통적인 교육 방식에서 벗어나 학습자 스스로 정보를 찾고 지식을 구성해나가는 자기 주도적 학습 능력을 길러야 한다.

급속한 매체의 발달은 학교에서의 새로운 학습 방식을 요구하고 있으며, 교사 중심의 수업 방식에서 벗어나 학습자 중심의 상호작용적 학습을 지원하고 있다. 특히, 인터넷의 급속한 발달과 보급은 시간과 공간을 초월하여 세계를 하나로 묶는 사이버(cyber) 학습을 요구하게 되었고, 이로 인해 이러닝(e-learning)의 등장과 함께 주문형 학습 등 새로운 학습 방식이 등장하고 있다. 또한, 단순히 지식을 전달하는 종래의 학습 방식에서 벗어나 학습자 스스로 지식을 만들어내고 구성해 나가는 새로운 학습 패러다임(paradigm)은 지식정보화 사회에 적합한 인재의 필요성을 더욱 가중시키고 있다.

이처럼 정보화 사회에서 제기되는 다양한 요구들은 ICT 활용 수업을 통해 좀 더 경제적이고 효과적으로 학습 목표가 달성되도록 지원하고 있다. 그러나 ICT 활용 수업은 교육에 있어서 학습 목표를 달성하고자 하는 하나의 수단(method)일 뿐, ICT 활용 자체가 목적이 되어서는 안 된다. 그러므로 교육에 있어서 ICT 활용 수업은 생동감 있는 자료를 제공한다든지, 또는 원활한 의사소통 기능을 사용하여 정보의 공유나 수정 · 저작이 필요한 경우에 합당하게 사용되어야한다. 이는 ICT의 활용이 교과의 특성을 반영하여 제대로 사용될 때 매체의 교육적 활용이 이루어지기 때문이다.

교과 수업에서 효과적으로 ICT를 활용하기 위해서는 수업목표, 수업계획, 수업진행, 평가 등 네 가지 관점에서 고려되어야 하며(한국교육학술정보원, 2001b), 학습 방향이 수업목표를 향해서 제대로 가고 있는지를 수시로 점검해야 한다(Mager, 1984). 이와 함께 현재 사용되고 있는 ICT 활용 방법이 수업 목표에 적합한지, 그리고 ICT 활용 시기는 교과 특성과 진도에 알맞게 결정되었는가를 살펴보아야 한다. 또한, 세워진 수업 계획이 사전에 치밀하게 준비되었는지를 점검해 봄으로써 왜 이 수업에서 ICT를 활용해야하는지를 명확히 알 수 있다. 그러나 수업 도중에 지나친 ICT의 활용은 학습자들의 창의력을 저해할 뿐 아니라, 학습자가 컴퓨터 화면에 너무 열중한 나머지 학습목표에 대한 방향감을 상실할 수 있기 때문에 좀 더 신중하게 선택적으로 사용되어야 한다. 아울러 일반 수업과 마찬가지로 ICT 활용 수업이 끝난 후에는 매체를 활용한 수업이 수업목표에 도달했는지를 점검해야한다. 그리고 수업도중에 선택하여 사용한 매체와 교수방법이 적절했는지, 또는 학습 과정에 적합했는지에 대한 종합적인 평가가 필요하며(Heinich et al, 1996), 이러한 평가 과정은 매체 사용에 대한 지속적인 수정을 통해 학습활동이 개선되고 발전될 수 있도록 지원한다.

(3) ICT 활용 수업 설계 요소

ICT 활용 수업을 수행하기 위해서는 사전에 치밀하게 준비하고 계획되어야 한다. 따라서 다양한 학습 환경을 고려하여 교과내용이나 단원을 학습 목표에 알맞게 설계되어야 하며, 이를 위해 한국교육학술정보원(2001a)에서는 [그림 2-2]와 같이 학습주제 선정, 문제정의, 교수 · 학습활동, 학습활동 지원 및 평가 등 다섯 가지 요소를 제시하였다.

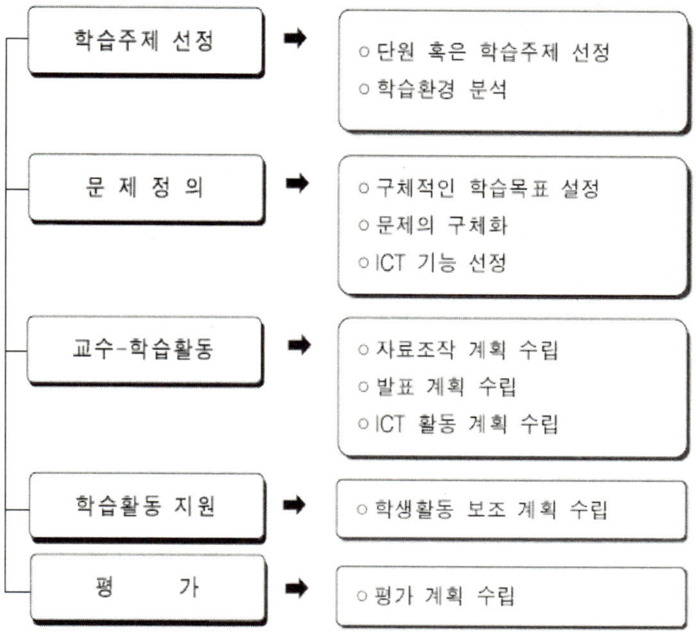

[그림 2-2] ICT 활용 수업 설계 요소
(한국교육학술정보원, 2001a)

1) 학습주제 선정

학습주제를 선정하기 위해서는 학습하고자 하는 단원과 함께 학습 환경이 분석되어야 한다. 학습단원은 실제로 수업시간에 사용되는 단원이기 때문에 학습자의 학습 환경을 함께 고려해야한다. 특히, 학습 단원 선정은 학습자들이 흥미를 갖고 수업에 참여할 수 있도록 주변의 생활과 관련된 내용을 선택하는 것이 바람직하다. 이와 함께 다른 교과와의 관련성이 있는지 미리 살펴서 교과 간 연계성을 갖도록 지도해야 하는데, 이때 선정되는 학습주제는 실제 수업에 활용하기 쉽도록 하나의 주제에 단원 내용을 포함하는 것이 좋다.

ICT 활용 수업에 있어서는 다양한 수업 특성들을 사전에 치밀하게 파악해야 한다. 학습자들이 집중할 수 있는 적절한 시간 배려와 함께 주어진 수업시간에 여유 있게 ICT 기기를 활용할 수 있도록 설계해야 한다. 이를 위해서는 미리 다루어야 하는 컴퓨터나 기기들의 작동 상태를 살펴본다든지, 학습자들의 선수학습 능력을 미리 파악하여 학습자들이 당황하지 않도록 사전에 기기 조작 방법이나 선수학습 내용을 습득하도록 배려하는 것이 중요하다. 이는 학습자들이 잘못된 기기 작동이나 실수로 인해 당황하게 되면, 기기 사용에 대한 두려움을 갖게 되어 ICT 활용 수업에 영향을 미칠 수 있기 때문이다.

2) 문제정의

학습하고자 하는 주제가 결정되고 나면 무엇을 학습할 것인지 구체적인 학습목표를 세워야 한다. 학습목표는 학습자가 관찰, 측정, 비교 가능한 동사적 행위동사를 사용하여 학습자의 행동으로 진술되어야 한다. 만일 학습 목표가 학습 결과를 염두에 두고 설정하였다면, 이는 총괄평가의 성격을 지닌 것으로서 Tyler의 학습 목표 진술 방법을 사용해야 한다. 따라서 구체적인 학습 내용과 학습자가 관찰 가능한 행동으로 표현해야 하는데, 예를 들어 '컴퓨터의 구조를(내용) 설명할 수 있다(행동)'로 표현되어야 한다. 이때 주의할 점은 교사의 활동을 진술한다든지, 학습의 과정을 진술하거나 교과 제목을 나열하는 경우, 또는 하나의 수업목표에 두 가지 결과가 포함되지 않도록 진술해야한다.

그러나 설정하고자 하는 학습목표가 학습 과정에 관한 것이라면, 형성 평가에 사용되는 Mager의 학습 목표 진술방법을 사용해야 한다. 예를 들어 '10개의 인수분해를(조건) 10분 이내에 (수락기준) 풀 수 있다(도착점 행동)'로 표현하는 것으로서, 이는 학습목표를 학습 조건, 수락

기준, 도착점 행동으로 나타낸 것이다.

문제 정의 과정에서 고려되어야 할 것은 수업목표 설정과 함께 문제의 구체화이다. 문제의 구체화는 교수 · 학습 활동에 영향을 미치기 때문에 학습 시간이나 과목 수, 학습자 이해도 등을 고려해야 하지만, 단원이나 학습 내용에 따라 생략해도 무방하다. 특히, 수업을 할 때에는 ICT관련 기능을 고려하여 선정해야 하는데, 이는 선정된 프로그램이나 장치가 학습 내용에 반드시 필요한 것인지를 의미한다. 즉, 학습자가 표를 사용하여 보고서를 작성할 경우, 워드프로세서 이외에 스프레드시트나 데이터베이스(data-base)의 유용성을 검토하여 가장 효과적인 ICT 활용이 되어야 할 것이다.

3) 교수 · 학습활동

교수 · 학습활동 과정은 실제 수업에 사용되는 자료의 조작이나 발표 또는 ICT 활용 계획을 세우는 것을 말한다. 자료 조작 계획은 수업목표 도달을 위해 필요한 자료를 검색하거나 수집하는 방법, 또는 보고서 작성 등 실제적인 학습 활동 계획을 의미한다. 자료를 제작할 경우에는 남아있는 시간을 고려하여 기존에 만들어진 자료를 활용할 것인지, 기존의 자료를 편집하거나 수정하여 사용할 것인지, 모든 자료를 새롭게 제작할 것인지를 고려하여 가장 효율적인 방법을 선정해야 할 것이다. 발표 계획 수립은 학습 결과를 학습자가 발표하여 다른 학습자들과 정보를 공유하는 활동이다. 결과물을 발표하는 발표 형식이 포스터나 멀티미디어, 보고서 등이 사용될 경우에는 발표물의 제작 수준이나 조원들의 의견 등을 고려하여 제작되어야 한다. 또한, 발표물이 많을 경우에는 조별로 나누어서 발표할 것인지 혹은 개인이 발표 할 것인지를 고려해야 한다. 한편, ICT 활동 계획 수립이란 ICT 관련 학습 활동을 총괄하는 활동 계획을 말하며, ICT 사용 전, 사용 중, 사용 후 계획을 단계별로 구체화해야 한다.

4) 학습활동 지원

학습활동 지원이란 학습자가 학습에 필요한 지원 사항을 준비하는 계획이다. 따라서 학습목표 도달을 위해 어떻게 학습활동을 지원할 것인지를 자세히 살펴보아야 한다. 예를 들어, 학습자의 발표 자료 제작이나 컴퓨터 활용 및 확보 방안을 지원한다든지, 심화학습을 지원하기 위해 관련 도서를 미리 알려주거나 토론 계획을 지원하는 것을 뜻한다.

5) 평가

평가 과정은 학습 내용을 평가하는 활동을 말하며, 학습자의 발표 태도나 ICT의 기술적 활용 정도 보다는 학습목표와 관련된 학업 성취도를 반영해야 한다. 예를 들어, 옴의 법칙을 그래프로 제작했을 경우 그래프 사용 능력이 아니라 옴의 법칙을 제대로 이해하고 있는지, 그리고 옴의 법칙을 이해하기 위해 그래프의 사용이 적절한지를 평가해야 한다. 이러한 평가 과정을 통해 교수자는 교수 · 학습에 관련된 모든 정보는 물론 학습자들이 스스로 평가하는 방법을 인지하고 평가에 대한 다양한 관점을 가질 수 있도록 지도해야 한다.

(4) ICT 활용 수업 활동 유형

한국교육학술정보원(2001a)에서는 ICT 활용 수업에 사용되는 교수 · 학습 활동을 8단계로 제시하였다. 이 유형은 제시된 바와 같이 단계적으로 사용될 수 있겠지만 학습 내용을 고려하여 선택적으로 사용해도 무방할 것이다.

ICT 활용 수업 활동 유형

1. 정보 탐색하기
2. 정보 분석하기
3. 정보 안내하기
4. 웹 토론하기
5. 협력 연구하기
6. 전문가와 교류하기
7. 웹 펜팔하기
8. 정보 만들기

[그림 2-3] ICT 활용 수업 활동 유형
(한국교육학술정보원, 2001a)

1) 정보 탐색하기

정보 탐색 단계는 학습자가 주어진 학습 과제를 해결하기 위한 첫 단계이다. 여기서 학습자는 인터넷 검색은 물론 CD-ROM이나 인쇄 자료와 같은 다양한 멀티미디어를 활용하여 정보를 찾는다든지, 넷 미팅이나 인적 네트워크를 사용하여 다른 사람과 직접적인 정보 교환을 통해 필요한 정보를 탐색하게 된다.

이러한 과정은 교재에서 제시되지 않은 자료들을 찾아서 활용하는 정보수집이나 정리 및 탐구활동을 통해 문제를 해결하고 탐구력을 증진할 목적으로 사용된다. 정보 탐색 과정은 ① 탐색 과제 선정 및 수업준비 ② 과제 안내 ③ 학습 계획 수립 및 정보 수집 ④ 탐색 결과 발표 및 공유 순으로 이루어진다.

2) 정보 분석하기

정보 분석 단계는 학습자들의 탐구 능력을 증진시키기 위하여 문서작성 프로그램이나 응용 프로그램을 사용하여 자료 분석과 추론활동을 수행하는 과정이다. 정보 탐색 과정을 통해 학습자는 스스로 수집한 원시 자료를 비교하고 분류하며, 조합 및 분석함으로써 결론을 미리 예측하고 추론할 수 있다. 이처럼 정보 분석을 통해 결론을 이끌어 내고 예측하는 탐구능력을 기르기 위해서는 ① 원시자료 확보 계획 수립 및 수업 준비 ② 학습 안내 ③ 원시자료 확보 및 자료 분석 도구의 선택 ④ 정보의 비교, 분류 및 분석 활동 ⑤ 결과 보고 및 공유의 다섯 가지 과정을 수행해야 한다.

3) 정보 안내하기

정보 안내 단계에서는 교수자가 주도적으로 학습 활동을 운영해야만 한다. 미리 수업 계획을 세우고 필요한 과정에서 학습 자료를 보여주거나 제공하기 위해 인터넷을 포함한 멀티미디어를 활용한 교수 · 학습 자료가 사용된다. 따라서 교수자가 사전에 자료를 제작하거나 웹 사이트를 구축하기 위한 기술과 시간이 필요하지만, 불필요한 정보를 미리 제거함으로써 수업의 효율성을 높일 수 있는 장점이 있다. 정보를 안내하는 과정은 ① 수업 계획 수립 및 수업 준비 ② 학습 안내 및 학습 전개 ③ 학습 평가 및 결과 정리 순으로 이루어진다.

4) 웹 토론하기

웹 토론 단계는 채팅이나 전자 게시판, 전자우편 등을 사용하여 참가자들이 학습 주제에 관해 자신의 의견을 게시하는 과정이다. 따라서 토론학습에 부담을 갖고 있는 학습자들을 적극적으로 참여시켜 의사표현 능력을 신장시킨다든지, 다른 사람의 의견을 존중하는 태도와 합리적인 사고력을 증진하려는 목적에 사용될 수 있다. 이 과정은 ① 토론 주제 선정 및 수업 준비 ② 학습 안내 ③ 토론 활동 ④ 토론 결과 발표 및 공유 순으로 이루어진다.

5) 협력 연구하기

협력 연구하기 단계는 웹을 활용하여 다른 지역이나 다른 나라 학습자끼리 서로의 관심 사항에 대해 자료를 검색하고 취합하여 결과물을 함께 공유하는 과정이다. 따라서 다른 지역의 학습자와 협력학습을 수행하거나 다중 문화를 경험한다든지 또는 상호작용적 학습 경험에 참여할 기회를 제공할 때 사용되며, 교수자가 교육 과정의 통합 운영 기회를 경험할 목적으로 사용될 수 있다. 협력 연구하기 과정은 ① 연구 과제 선정 및 수업 준비 ② 학습 안내 ③ 연구 계획 수립 및 정보 수집 ④ 연구 결과 발표 및 공유 순으로 이루어진다.

6) 전문가와 교류하기

전문가와 교류하기 단계는 학습자가 인터넷을 사용하여 특정 분야의 전문가나 학부모, 선배, 또는 다른 교사와 의사소통을 하면서 관련 분야의 전문 지식을 활용하도록 지원하는 유형이다. 따라서 관련 분야의 심도 있는 정보를 조사하려는 경우에 사용되며, ① 수업 계획 수립 및 수업 준비 ② 학습 안내 ③ 전문가 교류 활동 수행 ④ 결과 발표 및 정리 순으로 이루어진다.

7) 웹 펜팔하기

웹 펜팔하기 단계는 인터넷의 전자 우편을 이용하여 여러 지역의 다른 학습자와 개인적 교류를 한다든지, 언어를 학습하거나 문화에 대한 이해를 돕기 위해 사용된다. 따라서 다른 지역이나 국가의 문화, 언어 또는 역사를 이해한다든지, 세계 여러 나라의 학습자와 개인적 교류를 위해 활용될 수 있다. 웹 펜팔 과정은 ① 수업 계획 수립 및 수업 준비 ② 학습 안내 ③ 웹 펜팔 활동 수행 ④ 결과 발표 및 정리 순으로 이루어진다.

8) 정보 만들기

정보 만들기 단계는 마지막 정리 과정에서 사용된다. 문제 해결 과정에서 만들어진 각종 결과물을 다른 사람들이 볼 수 있도록 보고서나 발표자료 또는 홈페이지로 만드는 과정이다. 따라서 일반 문서나 웹 문서 작성 및 관리 기술, 편집 및 수정 작업을 통해 학습자의 창의적인 표현 능력을 기른다든지, 또는 협력학습 능력을 증진시킬 목적으로 사용된다. 정보 만들기 과정은 ① 수업 계획 수립 및 수업 준비 ② 학습 안내 ③ 저작 활동 수행 ④ 결과 발표 및 정리 순으로 이루어진다.

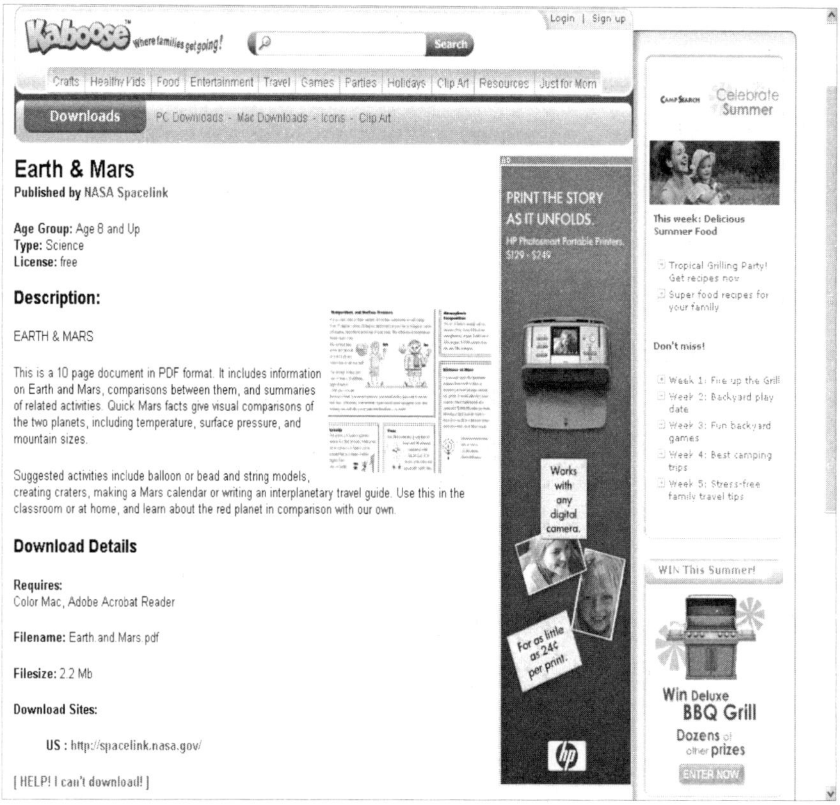

[그림 2-4] ICT 활용 과학 수업의 예 (Kids Domain, 2006)[4]

2. ICT 활용 수업 지도안

지금까지 학교 현장에서 사용되고 있는 수업 지도안이 수없이 작성되어 왔음에도 불구하고, 대부분의 교사들이 ICT 활용 수업 지도안 작성에 어려움을 느끼고 있음을 발견하면서 다음과 같은 의구심이 들었다. 첫째, 우리가 학교 현장에서 사용하는 ICT 활용 수업 지도안은 면대면 수업 방식에서 사용하는 수업 지도안과 같은 것인가 혹은 다른 것인가? 만약, 다르게 작성되어야 한다면 어떻게 구성되고 설계되어야 할 것인

4) Site URL: http://www.kidsdomain.com/down/mac/earthandmars.html

가? 둘째, ICT 활용 수업 지도안 작성을 위한 설계 전략은 무엇이며 어떠한 점들이 고려되어야 하는가?

학교 현장에서 수업 시간에 활용하기 위한 지도안은 무엇보다 학습자들이 수업목표를 잊지 않도록 설계되어야 할 것이다. 그러한 이유는 ICT 활용 수업의 최종목표가 수업 지도안을 작성하는 것이 아니라, 학습자들이 학습목표에 쉽게 도달할 수 있도록 지원하기 위한 수단이기 때문이다. 따라서 ICT 활용 수업 지도안에 담고 있는 수업 설계 과정이 얼마나 충실하게 수업 내용을 표현하여 제대로 제시할 것인가에 설계의 초점이 맞춰져야 할 것이다. 이를 위해 교수자는 작성해야 할 수업 지도안의 수업 차시를 확인한 후, 학습 목표를 검토하는 일이 우선되어야 한다. 이러한 과정을 통해 교수자는 학습 목표를 학습자에게 명확하게 제시함으로써 ICT 자체가 배워야할 학습 내용이 아니라는 것을 인식시킬 뿐 아니라, 학습자의 학습 환경과 학습 활동에 관해 좀 더 면밀하게 검토할 수 있게 될 것이다.

다음에 제시되는 4개의 그림은 수업 시간에 사용되고 있는 ICT 활용 수업 지도안의 유형이 교수자에 의해 다양하게 설계되어 사용될 수 있음을 보여주고 있다. 각각의 그림은 학교급별, 학년별, 교과별로 각각 다르게 제작된 것이며 ① 문자를 사용하여 작성한 ICT 활용 수업 지도안 ② 그림을 삽입하여 기존의 자료를 편집한 ICT 활용 수업 지도안 ③ 아이콘을 사용하여 작성한 ICT 활용 수업 지도안 ④ 파워포인트를 사용하여 작성한 ICT 활용 수업 지도안의 예를 나타낸 것이다([그림 2-5a] ~ [그림 2-8][5] 참조).

---

5) 에듀넷(2006) Site URL: http://www.edunet4u.net/teacher/index.html

(1) 문자를 사용하여 작성한 ICT 활용 수업 지도안

<table>
<tr><td>단원명</td><td colspan="2">1. 알아서 척척</td><td colspan="2">범위(쪽수)</td><td>바 : 4~9
생 : 4~7</td></tr>
<tr><td>학습주제</td><td colspan="2">학습 준비물 스스로 준비하기</td><td colspan="2">차 시</td><td>1/4</td></tr>
<tr><td rowspan="2">학습목표</td><td colspan="5">▶학습 준비물을 스스로 준비할 수 있다.</td></tr>
<tr><td colspan="5">▶학습 준비물을 스스로 준비하였을 때의 좋은 점을 말할 수 있다.</td></tr>
<tr><td rowspan="4">ICT 활용 학습전략</td><td rowspan="2">인터넷 관련 사이트</td><td colspan="4">▶http://dev.cein.or.kr/cyber_e/e1/index.html/1학년/바른생활/1. 알아서 척척/학습준비물 스스로 준비하기</td></tr>
<tr><td colspan="4">▶http://cmk.new21.org/baseng1.htm 교과서 바른 생활 그림 자료</td></tr>
<tr><td>수업 형태</td><td colspan="4">단일 교과 복수활동 수업</td></tr>
<tr><td>ICT 활동 유형</td><td colspan="4">정보 안내</td></tr>
<tr><td colspan="2">장비 / 시설</td><td colspan="4">전용선, 컴퓨터, 프로젝션TV</td></tr>
<tr><td rowspan="2">단 계</td><td rowspan="2">학습 과정</td><td colspan="2">교수 · 학습활동</td><td rowspan="2">시간</td><td rowspan="2">ICT활용자료 및 유의점</td></tr>
<tr><td>교 사</td><td>학 생</td></tr>
<tr><td>문제인식</td><td>동기유발</td><td>✦마음열기
• '내손으로 척척'을 신체 표현하며 노래 부르도록한다.</td><td>✦마음열기
• '내손으로 척척' 노래를 신체표현하며 노래 부르기</td><td>5분</td><td></td></tr>
<tr><td>문제탐색</td><td>학습문제 확인

학습 안내</td><td>✦학습 문제 제시
• 학습 주제 및 학습 목표 제시</td><td>✦학습 문제 확인
• 본시에 공부해야 할 학습 목표를 확인한다
학습준비물을 스스로 준비할 수 있고 스스로 준비하였을때의 좋은 점을 이야기 할 수 있다.</td><td>2분</td><td>▶ http://dev.cein.or.kr/cyber_e/e1/index.html/1학년/바른생활/1.알아서 척척/학습준비물 스스로 준비하기 / 공부할 문제</td></tr>
</table>

(계속)

<table>
<tr><td>문제해결</td><td>학습활동</td><td>♧학습안내
• 학습과정과 활동 내용을 자세히 안내한다.

✦활동 1
• 윤식이와 민지의 하루에 대한 이야기가 나오는 사이트를 들려주고 잘된 점과 잘못된 점을 찾아보게 한다</td><td>♧학습과정 확인
• 학습의 과정 알기
- 활동1 : 윤식이와 민지의 하루
- 활동 2 : 나는 이렇게 하겠어요.
- 선택활동 1 : 집에서 준비는 이렇게
- 선택활동 2 : 준비물을 잘 챙기고 있나요.

✦활동 2
• 윤식이와 민지의 하루에 대해 이야기하기
- 윤식이는 정리하지 않아 방이 지저분하고 학교 갈 준비를 스스로 하지 않는다
- 민지는 학습준비물을 스스로 챙겨 학교에서 칭찬을 받는다</td><td>10분</td><td>❖학습과정별 학습방법 및 자료를 자세히 안내한다.
▶ http://dev.cein.or.kr/cyber_e/e1/index.html/1학년/바른생활/1.알아서 척척/학습준비물 스스로 준비하기/공부할 문제

❖교과서 확대 그림 자료를 보여주며 활동을 할 수도 있다.</td></tr>
<tr><td rowspan="2">단 계</td><td rowspan="2">학습 과정</td><td colspan="2">교수 · 학습 활동</td><td rowspan="2">시간</td><td rowspan="2">ICT활용 자료 및 유의점</td></tr>
<tr><td>교 사</td><td>학 생</td></tr>
<tr><td></td><td></td><td>✦활동 2
• 관련 사이트를 보여주며 스스로 할 수 있는 일을 찾아보게 한다.</td><td>✦활동 2
• 아동이 스스로 할 수 있는 학습 준비물 정리에 무엇이 있는지 알아보기
- 필기도구 정리하기
- 교과서와 공책 정리하기</td><td>10분</td><td>▶ http://dev.cein.or.kr/cyber_e/e1/index.html/1학년/바른생활/1.알아서 척척/학습준비물 스스로 준비하기/다지기 마당</td></tr>
</table>

(계속)

학습 정리	되새기기	✦선택활동 1 • 관련 사이트를 보여주며 가정에서 할 수 있는 일을 생각해보도록 한다. ✦선택활동 2 • 생활의 길잡이 7쪽을 보여주며 문제를 해결하도록 한다.	✦선택활동 1. • 가정에서 스스로 내가 할 수 있는 일 - 옷장에 내 옷 챙기기 - 이부자리 펴고 개기 - 방 안 정리하기 ✦선택활동 2. • 나는 준비물을 잘 챙기고 있는지 생활의 길잡이 7쪽을 문제를 해결하고 서로 발표하기	5분	
		✦학습정리 • 관련 사이트를 보여주며 스스로의 행동을 반성하도록 한다.	✦학습정리 • 관련 사이트를 보여주며 스스로의 행동을 반성하기 - 학습준비물을 스스로 해결하는 태도 가지기 - 스스로 할 수 있는 숙제발표하기	5분	▶ http://dev.cein.or.kr/cyber_e/e1/index.html/1학년/바른생활/1.알아서 척척/학습준비물 스스로 준비하기/하나 더 알기
평가	평가	✦알아봅시다 • '내 실력 알기' 문제를 읽어주며 문제를 풀어보게 한다.	✦알아봅시다 • '내 실력 알기' 문제 풀어보기		▶ http://dev.cein.or.kr/cyber_e/e1/index.html/1학년/바른생활/1.알아서 척척/학습준비물 스스로 준비하기/내실력 알기
	차시 예고	✦차시 예고 • 시간표와 알림장 보고 준비하기	✦차시 예고		

[그림 2-5a] 초등학교 1학년 바른생활 교과의 수업지도안

단원명	1. 지도에 나타난 경기도의 모습	범위(쪽수)	경기도 생활 14~15쪽
학습주제	경기도의 교통 지도 만들기	차 시	5/20차시
학습목표	경기도의 교통지도를 만들 수 있다.		

ICT 활용 학습전략		
	인터넷 관련 사이트	▶http://myhome.naver.com/mjh1014/ ▶http://www.kg21.net/kgtour/kyonggi_kor/index_kor.html
	수업 형태	개별 및 분단 학습
	ICT 활동 유형	정보 안내 및 정보탐색
장비 / 시설		프로젝션TV, 2인 1PC 환경

단계	학습 과정	교수 · 학습활동: 교 사	교수 · 학습활동: 학 생	시간(분)	ICT활용자료 및 유의점
도입	❖전시학습 상기	❖지도의 종류와 PPT나 인터넷을 활용하여 제시한다.	❖지도의 종류를 알아본다. • 지형도 • 기후도 • 교통도	5′	▶ http://myhome.naver.com/mjh1014/
	❖학습목표 확인하기	❖학습목표를 제시한다.	❖학습목표를 확인한다.		
		• 여러 가지 지도를 이용하여 경기도의 교통지도를 만들 수 있다.			▶PPT자료
		❖지도를 목적에 맞게 만드는 이유를 알아본다.	❖목적에 맞는 지도를 만드는 까닭을 알아본다.		
	교통도란	❖교통도란 무엇인가? • 인터넷을 이용하여 경기도의 교통도를 제시한다.	❖교통도의 의미를 알아본다. ❖경기도 생활 15쪽에 경기도의 교통 지도를 그린다.		▶ http://www.kg21.net/kgtour/kyonggi_kor/index_kor.html

(계속)

<table>
<tr><td rowspan="2">전
개</td><td>❖교통도 그리기</td><td>❖경기도 교통도 그리기

〈학습1〉
• 경기도의 철도 교통</td><td>〈학습활동1〉
• 경기도를 지나는 철도의 이름을 알아보고 경기도 생활 15쪽에 그린다.</td><td rowspan="2">30′</td><td rowspan="2">▶ http://www.kg21.net/kgtour/kyonggi_kor/index_kor.html</td></tr>
<tr><td></td><td>〈학습2〉
• 경기도의 고속 국도

〈학습3〉
• 경기도의 국도</td><td>〈학습활동2〉
• 경기도를 지나는 고속 국도 이름을 알아보고 고속 국도를 그린다.

〈학습활동3〉
• 경기도를 지나는 국도를 알아보고 국도를 그린다.</td></tr>
<tr><td>정
리</td><td>❖학습정리

❖차시예고</td><td>❖교통지도를 이용하면 좋은 점을 알아본다.

❖경기도의 인구분포도 알아보기</td><td>❖교통지도를 이용하면 좋은 점을 발표한다.
• 여행을 할 때</td><td>5′</td><td></td></tr>
</table>

[그림 2-5b] 초등학교 4학년 사회과 수업지도안

(2) 그림을 삽입하여 편집한 ICT 활용 수업 지도안

단 원	8. 길이와 단위(1-2/10)		
일 시	2002년 7월 18일(목) 2교시	장 소	3학년 4반
대 상	남 16명 여 15명 계 31명	지도교사	홍 길 동

1. 교수·학습 계획 화면

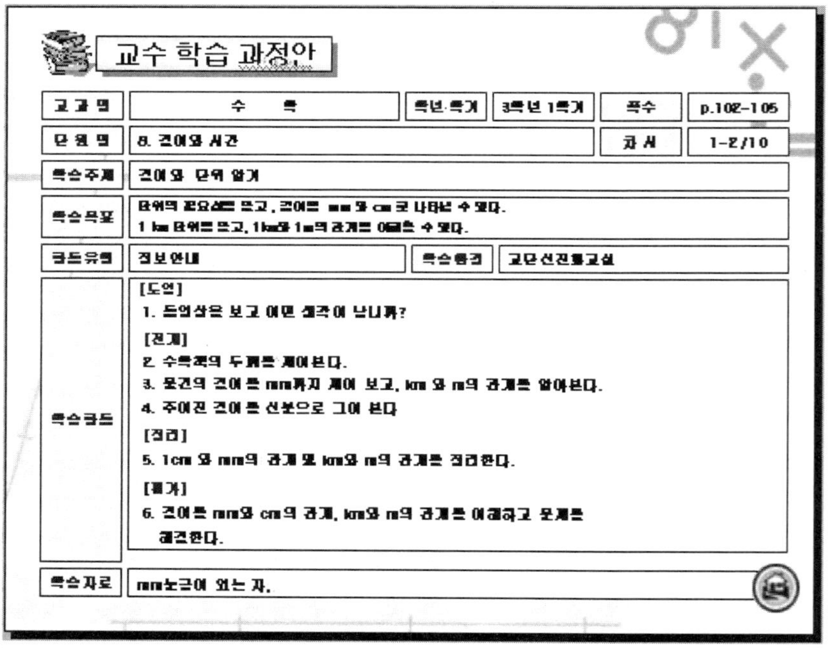

교수 학습 과정안

교과명	수 학	학년·학기	3학년 1학기	쪽수	p.102-105
단원명	8. 길이와 시간			차시	1-2/10
학습주제	길이와 단위 알기				
학습목표	단위의 필요성을 알고, 길이를 mm와 cm로 나타낼 수 있다. 1 km 단위를 알고, 1km와 1m의 관계를 이해할 수 있다.				
모드유형	정보안내	학습환경	교단선진화교실		
학습모드	[도입] 1. 동영상을 보고 어떤 생각이 납니까? [전개] 2. 수학책의 두께를 재어본다. 3. 물건의 길이를 mm까지 재어 보고, km와 m의 관계를 알아본다. 4. 주어진 길이를 선분으로 그어 본다 [정리] 5. 1cm와 mm의 관계 및 km와 m의 관계를 정리한다. [평가] 6. 길이를 mm와 cm의 관계, km와 m의 관계를 이해하고 문제를 해결한다.				
학습자료	mm눈금이 있는 자.				

[도입] 1. 동영상을 보고 어떤 생각이 납니까?

[전개] 2. 수학 책의 두께를 재어본다.

3. 물건의 길이를 mm까지 재어 보고, km와 m의 관계를 알아본다.

4. 주어진 길이를 선분으로 그어 본다.

[정리] 5. 1cm 와 mm의 관계 및 km와 m의 관계를 정리한다.

[평가] 6. 길이를 mm와 cm의 관계, km와 m의 관계를 이해하고 문제를 해결한다.

(계속)

2. 교수 · 학습 활동

순서	교수 · 학습 활동 화면	교수 · 학습 활동 안내 및 유의점
1	 	**[제작 의도]** 3학년 1학기 수학 8. 길이와 시간(1-2/10)을 지도하기 위하여 자료를 제시하였다. **[활용 방법]** 수업 시작 시 제시되는 화면이며, 학습자가 무엇을 공부해야 할지 알 수 있는 학습 주제가 제시된다. 수업계획을 클릭하면 수업의 흐름을 알 수 있다. **[유의 사항]** 수업 활동을 클릭하면 진행된다.
2	 	**[제작 의도]** 준비 활동 및 동기 유발을 위해서 동영상 자료를 제시하였다. **[활용 방법]** 마우스의 커서를 화면으로 가져가서 검은색 화면에서 클릭을 하면 동영상을 볼 수 있다. **[유의 사항]** 동영상을 보고 자유롭게 대화하도록 유도한다.
3	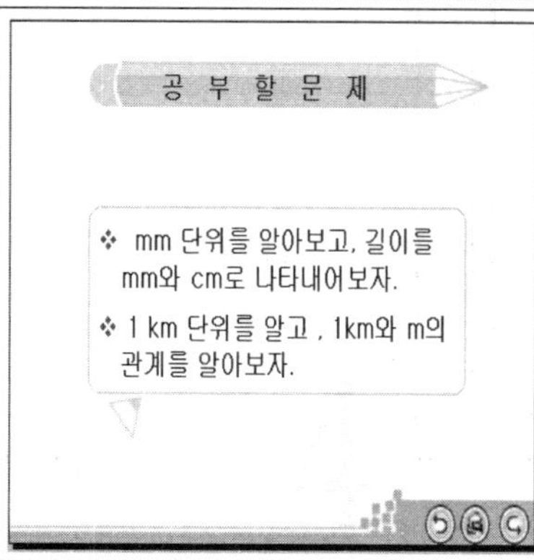 	**[제작 의도]** 공부해야 할 문제를 구체적으로 확인시키기 위해서 자료를 제시하였다. **[활용 방법]** 화면에 제시된 공부할 문제를 확인하고 난 후 오른쪽 아래의 진행 단추를 누르면 다음 활동으로 넘어간다. **[유의 사항]** 학습 목표를 설명한다.

(계속)

4	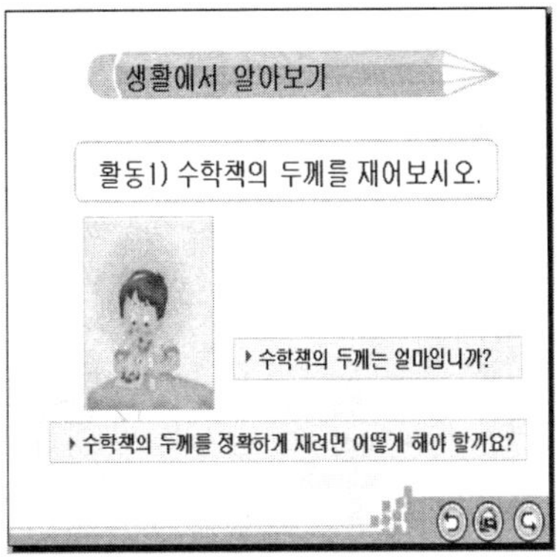	☞	**[제작 의도]** 동영상 내용을 바탕으로 생활에서 알아볼 수 있는 자료를 제시하였다. **[활용 방법]** 아동들이 자를 가지고 수학 책의 두께를 실제로 재어 보도록 한다. ㎝이하의 단위가 필요함을 인식하도록 한다. **[유의 사항]** 오른쪽 하단의 단추를 클릭하면 다음으로 진행한다.
5	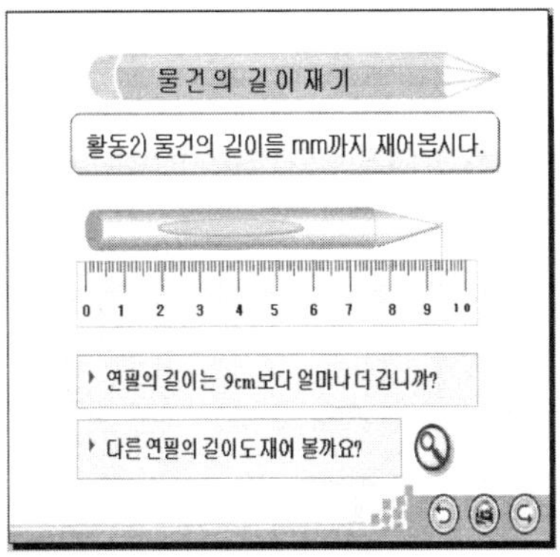	☞	**[제작 의도]** 물건의 길이 재기 활동을 하기 위해서 자료를 제시하였다. **[활용 방법]** 연필이나 아동들이 가지고 있는 물건의 길이를 ㎜까지 재어 본다. 여러 번 재어 보고 ㎜단위를 알게 한다. 링크된 버튼을 누르면 연필 길이의 ㎜까지 알 수 있다. **[유의 사항]** 아동들이 정확히 길이를 잴 수 있도록 지도한다.
6		☞	**[제작 의도]** 거리 알아보기 활동을 하기 위해서 다음과 같은 자료를 제시하였다. **[활용 방법]** 그림을 보고 거리를 읽어 보고 ㎞와 m를 이용하여 거리를 나타내어 본다. 진급 아이콘을 클릭하면 평가 단계로 이동한다. **[유의 사항]** 오른쪽 아래의 다음 단추를 누르면 다음으로 진행한다.

(계속)

7	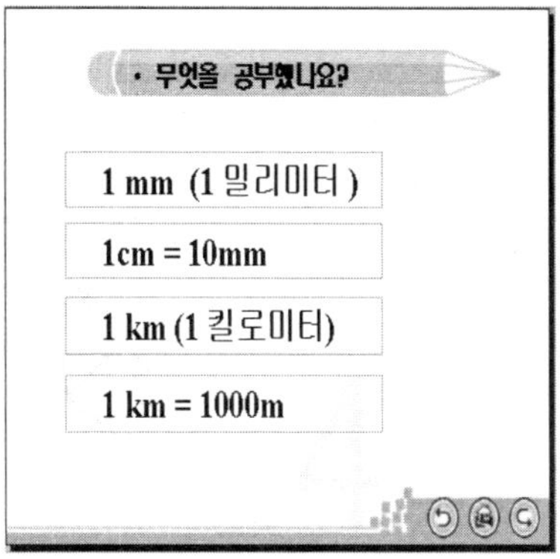	☞	**[제작 의도]** 앞에서 배운 내용을 정리하기 위해서 자료를 제시하였다. **[활용 방법]** 학생들이 단위와 단위 사이의 관계에 대해서 정확하게 이해할 수 있도록 한다. 오른쪽 하단의 단추를 클릭하면 다음으로 진행한다. **[유의 사항]** 단위와 단위 사이의 관계에 대해서 이해하도록 지도한다.
8	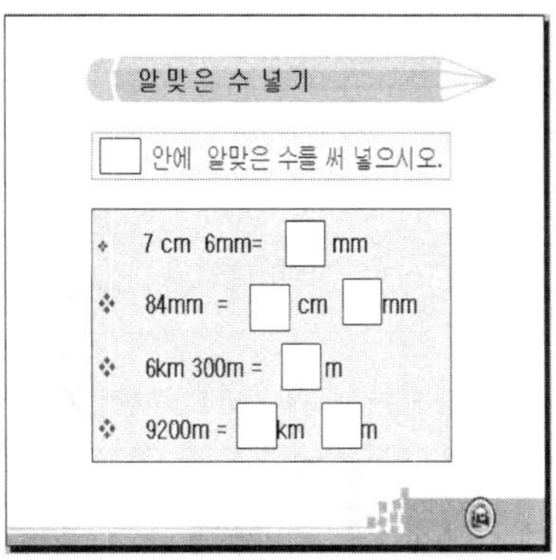	☞	**[제작 의도]** 앞에서 배운 내용들을 평가하기 위해서 자료를 제시하였다. **[활용 방법]** 기본적인 문제를 제시하여 모든 아동들이 해결하도록 하고 부진한 아동들은 다시 지도 한다. **[유의 사항]** 피드백을 통하여 다시 지도 할 수 있도록 한다.

[그림 2-6] 초등학교 3학년 수학과 수업지도안

(3) 아이콘을 사용하여 작성한 ICT 활용 수업 지도

학습주제	체력의 개념

교 과 명	체육	학년	중 2학년	장소	컴퓨터실
단 원 명	체력운동 〉 체력의 개념			차시	1/10
학습목표	1. 체력 및 체력운동의 정의에 대해 이해한다. 2. 체력 운동의 필요성에 대해 인지한다. 3. 체력운동이 신체에 미치는 여러 가지 효과에 대해 알 수 있다. 4. 체력의 구성요소를 이해한다.				
활동유형	정보탐색, 정보안내	학습환경	개인별 pc 1대		
학습자료	학습관련 일제 학습용 파워포인트 자료, 체력운동 웹 사이트.				

학습 준비

❐ 선수학습 요소 및 기능

✠ 교과 선수 학습 요소

- 학생들은 체력과 체력운동의 중요성에 대해 1학년 때 배운 것을 생각하여 그에 따른 적절한 표현 방법을 알고 있어야 한다.
- 학생들은 체력운동의 필요성과 효과에 대해 1학년 때 배운 것을 생각하여 그에 따른 적절한 표현 방법을 알고 있어야 한다.

(계속)

✠ ICT 활용 기능

- 웹에서 원하는 내용을 찾을 수 있어야 한다.
- 웹에서 찾은 내용을 가지고 스스로 학습할 수 있어야 한다.

❒ 교사 사전 준비 사항

- 학생들이 학습하는데 필요한 웹 사이트를 사전에 검색하여 필요한 사이트를 숙지하여 준비한다.
- http://cont2.edunet4u.net/~sung8627 - 자료실 - 체력운동개념(ppt)자료를 다운로드 하여 학생들의 교수·학습 활동시 학습목표에 쉽게 도달할 수 있도록 준비한다.
- 학생들은 체력운동의 개념을 학습하는데 필요한 웹 사이트를 사전에 검색하여야 하며 약간의 예습을 하여야 한다.

(계속)

교수 · 학습활동

■ 도입	ICT 활용
• 전시 학습 상기 1학년 때 배운 체력운동에 대해 상기하도록 한다. ○ 체력의 정의는 무엇인가? • 학생들에 질문하여 그 대답을 들어본다. • 예) 체력이란 인간수행을 실행하는 데 필요한 신체의 기초적 또는 전문적 작업능률의 총합이다 ○ 체력운동의 필요성은 무엇인가? • 예) 근육, 혈관, 골격 등에 대한 효과에 대해 이야기 해본다. ○ 체력의 구성요소는 무엇인가? • 예) 신체적 요소와 정신적요소로 나눈다.	
• 학습 동기 유발 ○ 학생들의 관심을 유발하기 위해 근육이 잘 발달된 사람의 사진을 보여준다. ○ 국내 각종 종목에서 체력이 좋은 선수들은 어떤 선수들이 있을까요? • 예) 전신지구력 - 마라톤: 황영조, 순발력 - 배구: 신진식, 민첩성 - 농구: 우지원, 근력 - 역도선수들	
• 학습 문제 확인 • 체력운동에 대한 이론적 배경을 알고 체력을 기르기 위해선 어떻게 해야 되는지 토론해본다.	

■ 전 개	ICT 활용
• 학습 계획 및 안내 ○ 학습 문제 해결을 위한 학습 계획을 세운다. ○ 학습의 순서 및 활동을 안내한다. • 체력의 정의 및 체력운동의 정의에 대하여 조사하기 • 체력운동의 필요성과 효과에 대하여 조사하기 • 체력의 구성요소와 근육 이름에 대하여 조사하기	
• 체력운동의 개념에 대한 배경 조사하기[모둠 학습] ○ 체력의 정의 및 체력운동의 정의에 대하여 조사하기 ○ 체력운동의 필요성과 효과에 대하여 조사하기 ○ 체력의 구성요소와 근육 이름에 대하여 조사하기 • 웹 사이트 검색	

(계속)

■ 전 개	ICT 활용
○ 정해진 방법으로 ① 체력의 정의 및 체력운동의 정의 ② 체력운동의 필요성과 효과 ③ 체력의 구성요소와 근육 이름에 대하여 조사한다. • 모둠별로 각종 검색사이트에서 제시된 3가지 항목에 대하여 검색한다. • http://cont2.edunet4u.net/~sung8627 〉 체력운동개념 사이트에 접속하여 검색한 3가지 항목을 다시 한 번 정리한다. • 제시된 3가지 항목에 대하여 개인별로 조사하고 다시 모둠별로 정리한다.	
● 학습 결과 확인[모둠 학습 → 전체 학습] ○ 학습지에 모둠별로 정리한 것을 선생님과 함께 확인한다. • 모둠별로 정리한 내용을 발표하고 친구들이 발표한 것에서 잘 표현한 점을 찾아본다. • http://cont2.edunet4u.net/~sung8627 〉 체력운동개념 사이트에 접속하여 ① 체력의 정의 및 체력운동의 정의 ② 체력운동의 필요성과 효과 ③ 체력의 구성요소와 근육 이름에 대하여 알아보고 모둠별 정리한 것을 선생님의 설명과 비교하여 본다. • 제시되는 ppt 프리젠테이션 자료를 보면서 모둠별로 정리한 것을 서로 점검해 준다. • 모둠별로 정리한 내용에 잘못된 것은 수정하면서 교사의 설명을 듣는다.	

■ 정 리	ICT 활용
● 학습 정리하기 [전체 학습] ○ http://cont2.edunet4u.net/~sung8627 〉 체력운동개념 〉 학습정리 사이트에 접속하여 ① 체력의 정의 및 체력운동의 정의 ② 체력운동의 필요성과 효과 ③ 체력의 구성요소에 대한 학습정리를 확인한다. ○ 학생이 정리한 자료 중 잘된 것을 다시 한 번 간단하게 요약 발표하게 한다. ○ 차시를 예고한다. • 체력운동의 원리에 대해 학습합니다.	

(계속)

발전학습

- 선택 1 : 웹 사이트를 이용하여 체력운동 방법에 대하여 검색을 해본다.
- 선택 2 : 체력운동의 중요성을 알아본다.
- 선택 3 : 다른 고장의 학교 게시판을 활용하여 체력운동에 대한 의견을 교환하여 본다.

평가관점

- 체력의 정의와 체력운동의 정의에 대해 알고 있는가?
- 체력운동의 필요성 및 효과에 대하여 알고 있는가?
- 체력의 구성요소에 대하여 알고 있는가?
- 준비 및 발표 활동에 적극적으로 참여하는가?

대안적 활동

- 교실에서 모둠별 1PC 활용이 불가능하거나 인터넷이 연결되지 않고 관련 CD 자료가 없을 경우에는 사전에 http://cont2.edunet4u.net/~sung8627 사이트에 접속하여 관련 차시의 학습코너를 복사하여 유인물로 만들고 자료실에 있는 체력운동개념의 파워포인트 자료를 다운받아 컴퓨터에 입력하여 놓는다.

참고 사이트

- http://cont2.edunet4u.net/~sung8627
- http://www.sportsnine.com/tech/contents.html
- http://powerboy.co.kr/
- http://health-diet.co.kr/
- http://www.inhun.oo.co.kr/

(계속)

멀티미디어자료

일제학습용 파워포인트 자료

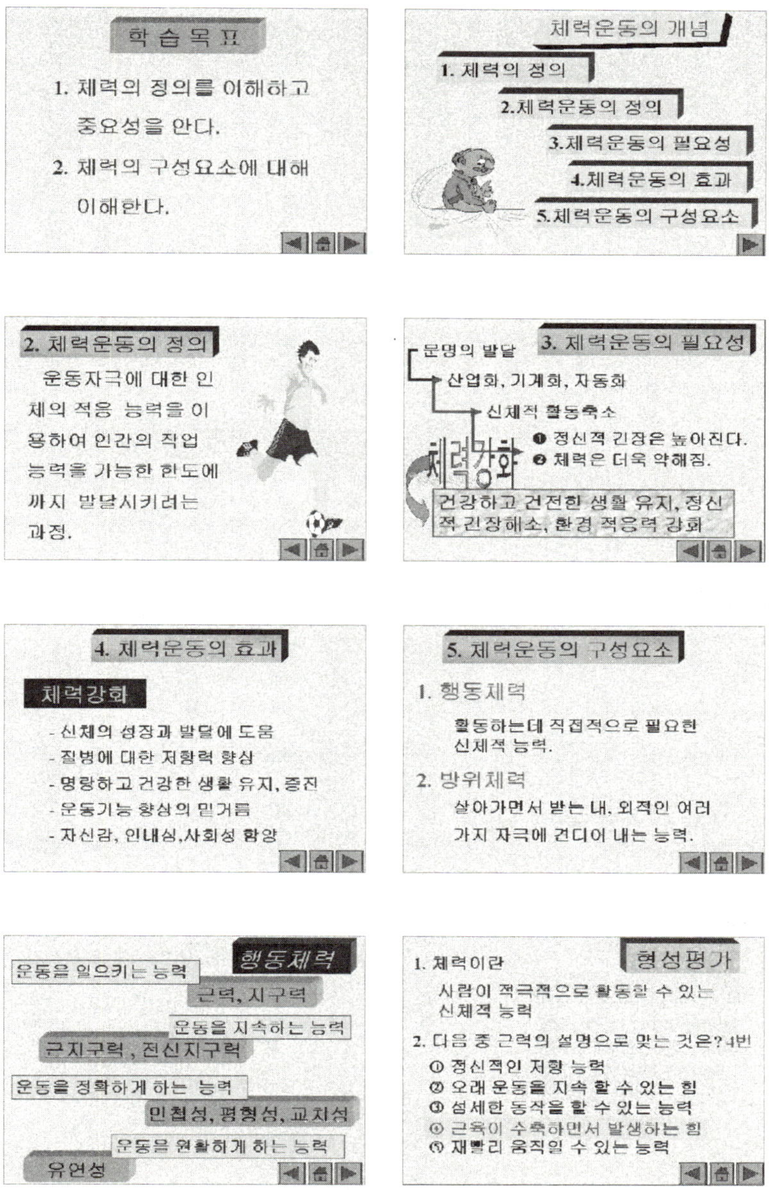

[그림 2-7] 중학교 2학년 체육과 수업지도안

(4) 파워포인트를 사용하여 작성한 ICT 활용 수업 지도안

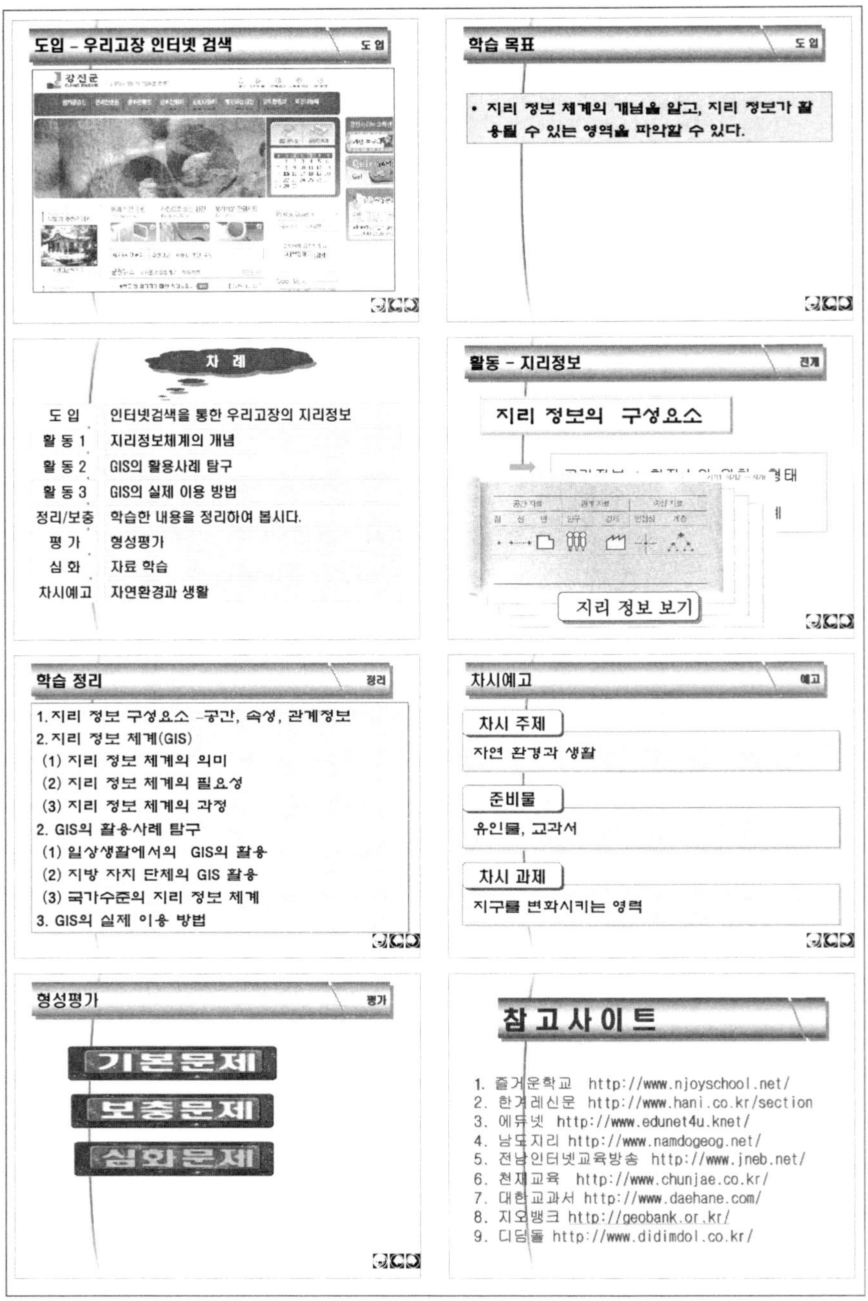

[그림 2-8] 고등학교 1학년 사회과 수업지도안

3. 외국의 ICT 활용 사례

외국에서 ICT 활용 교육은 특정 교과만을 대상으로 실시되는 것이 아니라, 대부분의 교과에서 프로젝트 중심 학습, 문제 중심 학습 및 협력학습의 형태로 자연스럽게 이루어지고 있다(한국교육학술정보원, 2001b; Smita & Jacqueline, 2002). 따라서 ICT를 활용하여 학습자에게 제공되는 학습 내용은 일부 교과에 편중되어 학습자의 수업을 보충하는 역할 뿐 아니라, 교수자의 교수 활동을 지원하고 학습자의 창발성과 학습 개념을 쉽게 이해할 수 있는 다양한 학습 설계가 필요하다. 또한, 자료의 내용적 측면에서는 검증 과정을 통해 전문성 확보가 이루어져야 하며, 방법적 측면에서는 서버(server) 컴퓨터와 클라이언트(client) 컴퓨터 사이의 원활한 접속 환경이 지원되어야 한다(남정권, 2002).

한편, 현재 외국에서 사용되고 있는 ICT 활용 수업 운영 사례를 학습 사이트 중심으로 살펴보면 다음과 같은 시사점을 얻을 수 있다.

첫째, ICT 활용 수업은 학습자 중심으로 설계되어야 한다.

Kids Domain(2006) 학습 사이트의 경우, 학습 요소들이 학습자의 연령 및 주제별로 다양하게 제시되어 있기 때문에 학습자들이 필요한 내용을 보다 쉽게 검색할 수 있다. 가령, 나이가 어린 학습자들은 수(數)의 개념을 배우려는 경우, 문자 제시 보다는 학습자들이 좋아하는 동물 친화적으로 사이트를 구성하여 흥미를 갖고 자연스럽게 학습 내용을 이해할 수 있다.

[그림 2-9]에 제시된 학습 사이트에서는 2세~5세 정도인 학습자들이 두 마리의 쥐 캐릭터(character)를 사용하여 1에서 10까지 수의 개념을 ① 숫자 세기 ② 덧셈하기 ③ 뺄셈하기의 세 부분으로 나누어 쉽게

익힐 수 있다. 학습자가 수의 개념을 익히기 위해 마우스로 쥐 캐릭터(character)를 누르면, 선택된 쥐는 학습자에게 임의의 숫자를 보여준다. 이때, 학습자는 마우스를 사용하여 쥐가 보여준 해당 숫자만큼 접시에 치즈를 옮기면서 숫자의 개념을 이해하게 된다. 덧셈의 경우에는 두 마리의 쥐가 각자 가지고 있는 치즈의 개수를 물어보면 두 마리의 쥐들이 갖고 있는 치즈의 개수가 모두 몇 개인지 대답함으로써 자연스럽게 덧셈을 익힐 수 있다. 뺄셈의 경우에는 임의로 선택된 한 마리의 쥐가 다른 쥐의 치즈를 먹어버린 경우, 치즈를 빼앗긴 쥐에게 남아있는 치즈의 개수를 학습자가 응답하도록 되어있다. 특히, 이 학습 사이트에서는 두 마리 쥐에 대한 캐릭터와 함께 애니메이션, 음악, 색감들을 학습자가 선호하는 요소들로 구성하였다.

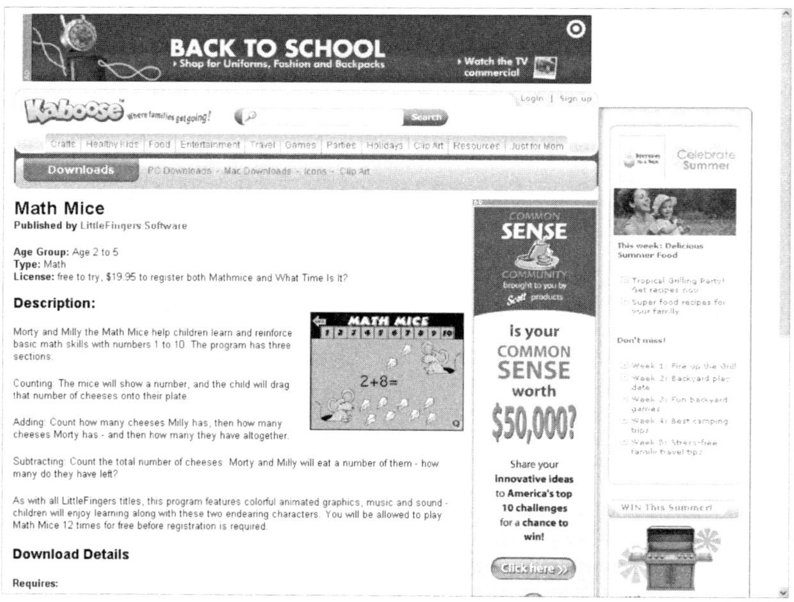

[그림 2-9] 수학 관련 학습 사이트 (Kids Domain, 2006)[6]

6) Site URL: http://www.kidsdomain.com/down/mac/mathmice.html

둘째, 학습 계획은 교수자와 학습자가 함께 참여하여 설계해야 한다.

ICT 활용 수업은 ICT 라는 도구를 사용하여 교수자와 학습자가 함께 만들어 나가는 학습 과정이다. 따라서 사전에 치밀한 학습 계획을 통해 학습자들이 당황하지 않고 학습해 나가는 사전 전략이 마련될 필요가 있다.

WebQuest 학습 사이트는 교사의 창발적(emergency) 수업을 지원하기 위해 학습 관련 내용을 학습자와 함께 설계하거나 접속할 수 있도록 구현하고 있다. 이러한 학습 활동은 학습자에게 학습에 대한 중요한 개념을 제공하게 되며, 특히, 'Design a Roller Coaster'라는 메뉴를 통해 학습자가 수시로 학습과 관련된 다른 내용을 접속할 수 있도록 지원한다([그림 2-10] 참조).

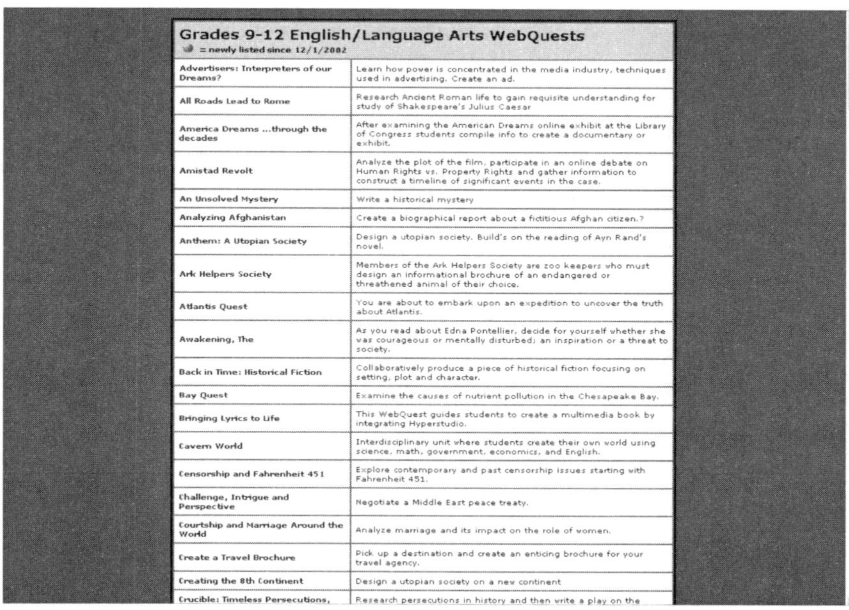
Grades 9-12 English/Language Arts WebQuests
= newly listed since 12/1/2002

Advertisers: Interpreters of our Dreams?	Learn how power is concentrated in the media industry, techniques used in advertising. Create an ad.
All Roads Lead to Rome	Research Ancient Roman life to gain requisite understanding for study of Shakespeare's Julius Caesar
America Dreams ...through the decades	After examining the American Dreams online exhibit at the Library of Congress students compile info to create a documentary or exhibit.
Amistad Revolt	Analyze the plot of the film, participate in an online debate on Human Rights vs. Property Rights and gather information to construct a timeline of significant events in the case.
An Unsolved Mystery	Write a historical mystery
Analyzing Afghanistan	Create a biographical report about a fictitious Afghan citizen.?
Anthem: A Utopian Society	Design a utopian society. Build's on the reading of Ayn Rand's novel.
Ark Helpers Society	Members of the Ark Helpers Society are zoo keepers who must design an informational brochure of an endangered or threathened animal of their choice.
Atlantis Quest	You are about to embark upon an expedition to uncover the truth about Atlantis.
Awakening, The	As you read about Edna Pontellier, decide for yourself whether she was courageous or mentally disturbed; an inspiration or a threat to society.
Back in Time: Historical Fiction	Collaboratively produce a piece of historical fiction focusing on setting, plot and character.
Bay Quest	Examine the causes of nutrient pollution in the Chesapeake Bay.
Bringing Lyrics to Life	This WebQuest guides students to create a multimedia book by integrating Hyperstudio.
Cavern World	Interdisciplinary unit where students create their own world using science, math, government, economics, and English.
Censorship and Fahrenheit 451	Explore contemporary and past censorship issues starting with Fahrenheit 451.
Challenge, Intrigue and Perspective	Negotiate a Middle East peace treaty.
Courtship and Marriage Around the World	Analyze marriage and its impact on the role of women.
Create a Travel Brochure	Pick up a destination and create an enticing brochure for your travel agency.
Creating the 8th Continent	Design a utopian society on a new continent
Crucible: Timeless Persecutions,	Research persecutions in history and then write a play on the

[그림 2-10] 학습 계획 사이트 (WebQuest, 2006)[7]

7) Site URL: http://webquest.sdsu.edu/matrix/9-12-Eng.htm

셋째, 교수자에게 학습자 지원 프로그램이 제공되어야 한다.

ICT 활용 수업을 위해서는 교수자와 학습자간에 활발한 상호작용이 촉진되어야 한다. 이러한 상호작용 촉진은 교수자가 학습자를 감시하는 역할에서 벗어나 학습을 지원하고 안내하는 기능이 제공될 때 가능하다.

컴퓨터 통합 학습 시스템(integrated learning systems; ILS)은 학습자의 학습 진행 과정을 살펴보고 추적할 수 있는 프로그램이다. 이 시스템은 구성주의 관점을 기반으로 교수자가 학습자에게 필요한 정보를 발견하여 학습자를 격려하고 관리함으로써(Van Dusen & Worthen, 1995), 학습자의 학습 의욕을 높여주고 나아가 성공적인 학습 효과를 거둘 수 있도록 지원한다.

지금까지 살펴본 외국의 ICT 활용 수업을 정리해보면 첫째, 학습자를 수업에 직접 참여시킴으로써 학습의 주체자라는 인식을 갖게 하여 적극적인 참여 학습을 유도한다. 둘째, 학습자 중심의 설계로 인해 학습자는 흥미를 갖게 되며 셋째, 다양한 학습 환경의 구축은 학습자가 쉽게 ICT 환경에 접속하여 학습할 수 있는 기회를 갖게 한다. 이와 함께 교수자의 교수활동을 지원하는 프로그램을 제공하고 나아가 학습자와 함께 만들어 가는 상호작용적 학습이 가능하다.

제 3 장 프로젝트 기반 수업

1. 프로젝트의 정의

프로젝트(project)란 시작과 끝이 명확한 과제에 대해 팀별로 작업 영역과 예산을 정하여 한 번에 이루어지는 직무(job)로서 해결을 위해 미리 계획된 하나의 문제를 뜻한다(Lewis, 2001). 이러한 프로젝트 수행은 단순히 학습 내용만을 학습하는 것이 아니라, 학습하는 방법과 함께 학습에 대한 책임감을 갖게 된다.

2. 프로젝트 기반 수업의 개념

프로젝트 기반 수업(project based instruction; PBI)은 개인 또는 집단별로 미리 학습 주제나 목표를 정한 후 목표에 도달하기 위해 책임감을 갖고 이루어지는 일회적 학습활동이다. 프로젝트 기반 수업이 성공을 거두기 위해서는 학습자들이 과제 수행에 적극적으로 참여해야 한다. 특정한 학습 내용을 직접 경험할 기회 없이 단순히 암기하는 학습은 가치 없는 것이기 때문에(Schank, 2003), 학습자들이 직접 과제에 참여함으로써 흥미와 호기심을 갖게 되고, 나아가 심화 학습은 물론 유의미한 학습이 가능하게 된다(Trepanier Street, 1993).

Lewis(2001)의 지적대로 프로젝트의 의미가 해결을 위해 계획된 하나의 문제(problem)를 뜻한다면, 프로젝트 기반 수업은 문제 기반 학습(problem based learning; PBL)과 어떤 관련성을 갖는다고 생각된다. 그동안 의학 수업에서 주로 사용되어온 문제 기반 학습은 광범위한 문제들을 학습자와 교수자가 서로 상호작용을 통해 해결하는 방식이다. 여기서 문제란 어떤 목적을 달성하기 위해 수단을 찾아야 하는 상황을 말하며(Chi & Glaser, 1985), 문제 해결이란 새로운 답을 찾거나 이전의 규칙을 단순히 적용하는 것을 뛰어 넘어 새로운 해결을 만들어 내는 것을 의미한다(Woolfolk, 1993). 따라서 문제 기반 학습에 있어서 문제 해결을 위해서는 과제 분석이 우선 이루어져야한다. 그러한 이유는 과제 분석을 통해 학습자들이 학습해야 하는 개념과 절차를 확인하게 되고, 이러한 지식들이 어떻게 활용되는지를 정확히 알 수 있기 때문이다(Duffy & Cunningham, 1995; Schank, 1993). 과제 분석이 이루어진 후, 이를 토대로 개념 지도나 인지 지도(cognitive map)와 같은 다양한 전략들을 제공하여 학습목표를 잃거나 방황하지 않도록 학습 활동이 지원되어야 한다. 또한, 학습자들이 상호작용을 수행할 수 있도록 전자우편이나 게시판과 같은 다양한 기능을 제공하여 학습자들의 의사결정과 문제 해결을 돕는 것이 바람직하다(Bonk & Reynolds, 1997).

문제 기반 학습은 문제를 해결해 나가는 과정 속에서 문제 해결력이나 비판적 사고력을 습득할 수 있기 때문에 결과 보다는 문제를 해결해 나가는 과정에 초점을 맞추어야 한다. 또한, 복잡하고 비 구조화된 문제들을 풀어가기 위해서는 학습자 스스로 인식하고 깨달을 수 있는 인지 환경과 함께 협력 학습이 필요하다. 이는 문제 기반 학습이 혼자서 문제를 해결하기 보다는 다양한 경험과 배경을 지닌 집단 속의 학습자들이 서로 협력을 통해 사고를 확장하고 주어진 문제를 해결해 나갈 수 있기 때문이다.

제 2 부

어떻게 갈 것인가?

❖미시적 접근 방법

제 2 부

어떻게 갈 것인가?

미시적 접근 방법

제 2 부는 체제적 프로젝트 기반 수업 설계를 위한 미시적 접근 방법으로서 '어떻게 갈 것인가'로 정하였다. 체제적 프로젝트 기반 수업을 위한 설계 모형은 아래 그림과 같이 ① 소개하기 ② 계획 세우기 ③ 학생 자료 제작하기 ④ 교사 자료 제작하기 ⑤ 정리 및 평가하기 등 다섯 가지 영역으로 구분하였다. 그러나 실제 학습 현장에서 이 모형을 적용할 때에는 절차적 지시를 따르지 않고 학습 구성과 학습자 특성에 따라 다섯 가지 영역 가운데 필요한 부분을 선택하여 활용해도 무방할 것이다.

목적의 문제		방법의 문제		시기의 문제
소개하기	계획 세우기	학습자 자료 제작	교수자 자료 제작	정리 및 평가하기
* 인사 나누기 * 주제 선정하기 * 자료 탐색하기	* 수업 계획 세우기 * 조별 활동 계획 세우기	* 학습 자료 제작 * 홍보물 제작 * 홈페이지 제작	* 강의 자료 제작 * 안내문 제작 * 홈페이지 제작	* 자료 정리하기 * 발표하기 * 평가하기
* 학습 설계서 작성	* 수업 계획서 작성	* 프리젠테이션 * 퍼블리셔 사용 * 웹 자료 제작	* 강의 자료 * 안내문 * 홈페이지	* 아이디어 제공 * 정보나누기 * 수정 및 보완

제 4 장 목적(Where)의 문제 해결하기

1. 소개하기

목적의 문제		방법의 문제		시기의 문제
소개하기	**계획 세우기**	**학습자 자료 제작**	**교수자 자료 제작**	**정리 및 평가하기**
* 인사 나누기 * 주제 선정하기 * 자료 탐색하기	* 수업 계획 세우기 * 조별 활동 계획 세우기	* 학습 자료 제작 * 홍보물 제작 * 홈페이지 제작	* 강의 자료 제작 * 안내문 제작 * 홈페이지 제작	* 자료 정리하기 * 발표하기 * 평가하기
* 학습 설계서 작성	* 수업 계획서 작성	* 프리젠테이션 * 퍼블리셔 사용 * 웹 자료 제작	* 강의 자료 * 안내문 * 홈페이지	* 아이디어 제공 * 정보나누기 * 수정 및 보완

소개하기 영역은 프로젝트 수업을 하기 위한 사전 준비단계이다. 이는 조별 활동을 하기 이전에 다른 사람들 앞에서 자신을 소개하면서 친숙해지는 과정으로서, 학습자들은 이러한 과정을 통해 자신이 속한 모임에 관심을 갖고 적극적으로 참여하게 될 것이다.

소개하기 과정의 수행은 먼저 학습자끼리 인사를 나눈 후, 각자 수행할 프로젝트에 관해서 주제를 선정하는 일이다. 주제 선정을 위해서는 지금까지 실행되고 있는 수업 자료가 무엇이며, 어느 영역까지 개발되었는지를 검색해야한다. 따라서 소개하기 영역은 인사 나누기와 주제 선정하기, 자료 탐색하기의 세 부분으로 구성된다.

(1) 인사 나누기

처음 학습을 시작하려면 학습자들은 긴장된 분위기 속에서 서로 서먹해지기 쉽다. 따라서 협력학습이 성공을 거두기 위해서는 사전에 학습자끼리 가능하면 자신을 충분히 알리고 다른 사람과도 친숙해질 필요가 있다. 인사 나누기는 단순히 서로의 얼굴을 아는 것이 아니라, 상대방을 충분히 이해하는 관계가 되어야 한다. 이를 위한 실행 과정은 다음과 같다.

1) 자신을 소개하기

자신을 다른 사람에게 알리기 위해서는 먼저 알리고 싶은 주요 사항이나 자신의 특징을 나열하는 것이 좋은 방법이다. 예를 들면 자신의 이름이나 좋아하는 과목, 취미, 관심 사항 등을 간단히 메모하는 것을 말한다. 메모를 위해서는 워드프로세서나 메모장, 워드패드, 혹은 컴퓨터 매체가 아닌 간단한 메모지 등에 자신을 소개하기 위한 내용을 정리해두면 된다.

2) 다른 사람과 친해지기

자신이 누구인가를 다른 사람에게 알리기 위해 필요한 내용을 메모하였다면, 다른 사람과 친해지기 위해 실제로 자리를 이동하여 다른 학습자들을 만나야 한다. 이때 학습자는 메모한 내용을 지참하여 이동하게 되는데, 이동 시간에 경쾌하고 조용한 음악을 틀어주면 안정된 분위기가 연출된다. 다른 사람과 친해지기 위한 이유는 사교나 친분을 쌓기보다는 다른 사람과 협력학습을 수행하기 위한 사전 정보를 수집하는데 있다. 따라서 다른 사람과 친해지면서 정보를 수집하기 위해서는 먼저 자신과의 공통점이나 취미 등을 파악해야한다. 예를 들어 개인 홈페이지가 있는지? 혹은 이메일 주소가 몇 개인지? 또는 집에 컴퓨터가 있는지 등 다른 사람이 부담감을 느끼지 않는 어떤 정보라도 모두 수집하도록 한다.

<표 4-1> 타인과 나의 공통점 알기

내용	상대방 성명	나와 공통점
• 개인 홈페이지를 구축하였다	홍길동, 김선도, 박수진	3명
• 이메일 주소가 있다.	홍길동, 김빛나	2명
• 집에 컴퓨터가 있다.	김선도, 박보람, 김가을	3명
• 버스로 학교를 다니고 있다.	김사랑, 김선도	2명

3) 나를 표현하기

나를 표현하는 과정은 다른 사람에게 자신을 소개하는 과정이다. '자신을 소개하기'는 학습자 스스로 메모지나 워드프로세서에 자신의 특징이나 장점을 적어보는 과정인 반면, '나를 표현하기'는 다른 사람들 앞에서 자신에 관해 발표하거나 함께 모여 이야기를 나누는 과정이다. 따라서 '나를 표현하기' 과정에서는 학습자 스스로 미리 메모한 내용을 중심으로 자신을 소개하기 위해 발표물을 만들어야한다. 이때 발표물은 프리젠테이션 자료나 유인물을 사용하되, 자신을 소개하기 위한 업무, 나의 생각, 내가 생각하는 주제 또는 관점 등이 주된 내용이 될 수 있다.

학습자 마다 발표물이 제작되고 나면 조별로 자리를 이동하여 자신의 발표물을 보여주면서 자신을 소개하게 되는데, 이때 조별 인원은 4 - 5명으로 구성하되, 발표 시간은 1인당 2분을 초과하지 않도록 한다. 한편, 조를 나누기 위해서는 색깔이 있는 사탕이나 스티커 등을 미리 준비하여 학습자에게 직접 뽑게 한 후, 같은 색깔을 뽑은 사람들끼리 모여 자연스럽게 조를 구성하는 것도 좋은 방법이다.

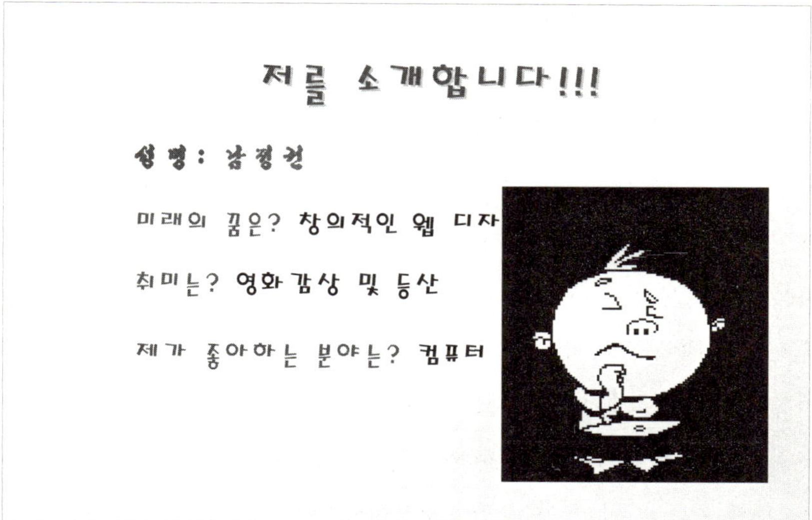

[그림 4-1] 소개하기 화면의 예

(2) 주제 선정하기

프로젝트 수업에 있어서 주제를 정하는 것은 가장 핵심적이고 중요한 부분이다. 주제가 명확하고 올바르게 선정되면 학습자들은 학습 목표를 정확히 인지하고 학습해 나갈 수 있기 때문이다. 주제 설정은 교과서를 단원별로 구분하여 대단원, 중단원, 소단원으로 정할 수도 있겠지만, 무엇보다 중요한 것은 가장 핵심적인 키워드(key words)를 학습자 스스로 발견하고 구성해 나가는 것이다. 이를 위해 학습자에게 왜(why)라는 질문과 함께 어떻게(how)라는 두 가지 화두(話頭)를 학습자 스스로 점검하면서 새로운 내용을 발견하고 창조해 나가도록 설계되어야 한다. 이 책에서는 프로젝트 주제를 핵심 단원, 기본 단원, 심화 단원의 세 가지 영역으로 나누어 질문형으로 제시하였다. 또한, 주제는 개인이나 조별로 정하되 ICT를 활용한 프로젝트 수업을 진행하는 동안 수시로 점검하고 변경해 나가야 한다. 이러한 과정을 거쳐서 선정된 최종 주제는 학습자의 이해를 도울 뿐 아니라 학습 현실을 충분히 반영한 ICT 활용 수업이 될 것이다.

주제 설정에 있어서 핵심 단원은 가장 중요하고 논쟁이 될 수 있는 요소들로 구성하되, 하나의 주제가 아니라 다양한 주제가 될 수 있다. 핵심 단원 설정은 폭넓은 개념이지만, 애매한 단어나 어려운 언어를 사용하지 않도록 주의해야 한다. 학습자는 수행하려는 프로젝트에 대해 충분한 이해와 깊이 있는 사고 과정을 통해서 프로젝트 수업에서 가장 중요한 요소를 발견하기 때문이다.

기본 단원은 핵심 단원보다는 하위 단원이지만 하나의 주제가 아니며, 또한 모범 답안이 있는 것도 아니다. 따라서 핵심 단원을 벗어나지 않도록 연계성을 갖도록 구성하되, 나선형으로 설계하여 핵심 단원에 비해 깊이 있고 폭넓은 고차원적 사고와 함께 학습자 흥미가 유발되어야 한다.

심화 단원은 학습 내용을 심화하는 것이 아니라, 기본 단원의 하위 요소이다. 따라서 좀 더 구체적이고 사실적이며 실질적인 프로젝트 수업 목표에 가깝도록 구성해야 하는데, 이는 학습 목표를 수립하기 위한 전제 조건이 될 수 있다.

〈표 4-2〉는 주제 선정을 위한 핵심 단원, 기본 단원, 심화 단원의 예를 나타낸 것이다.

<표 4-2> 주제 선정을 위한 세 가지 단원의 예

핵심 단원	기본 단원	심화 단원
• 세상은 계속 변화하는가?	• 다양하게 변화하는 자연현상이나 사회현상은 어떻게 표현할 수 있을까? - 변화하는 현상을 수로 표현할 수 있을까? - 변화하는 현상은 그림으로 표현이 가능할까? - 그러한 변화는 어떤 모양으로 나타날까?	• 이차함수의 그래프가 갖는 특징은 무엇인가? - 이차함수의 최대 값과 최소 값은 실생활에서 어떤 의미가 있는가?
• 월드컵때 우리가 하나 되어 응원을 할 수 있었던 것은 무엇 때문일까?	• 우리를 하나로 뭉치게 하는 힘은 어디에서 찾아볼 수 있을까?	• 외세의 침략이 있었던 사건은 무엇인가? - 이를 이겨낸 우리 조상들의 노력은 무엇인가? - 힘든 일을 해결하기 위하여 우리 조상들은 어떤 모임을 만들었나? - 여러 사람들이 모여 하는 놀이에는 어떤 것이 있는가?
• 우리의 미래는?	• 우리가 살고 있는 미래는 무엇에 의해 결정될까? - 우리는 미래를 예측할 수 있는가?	• 행복하게 살고 있는 나의 모습에 대한 증거는? - 영화 속의 내용이 현실로 실현 될 수 있는가? - 미래의 나의 모습은?

(계속)

• 이순신은 조선을 구한 영웅인가?	• 임진왜란에서 승리한 요인은 무엇인가? - 민중들의 삶은 어떠하였는가?	• 임진왜란이 발발한 이유는 무엇인가? - 이순신이 승리할 수 있었던 인적요인은 무엇인가? - 임진왜란이 우리에게 준 교훈은 무엇인가?
• 유기체의 구조는 어떻게 환경속에서 생존할 수 있는가?	• 식물의 구조는 어떻게 식물이 생존하도록 도와주는가? - 식물의 다양성과 그 생존전략은 어떠한가?	• 명아주와 강아지풀의 뿌리를 관찰하고 생김새가 어떻게 다른지 알아보자 - 지지, 흡수, 저장작용은 뿌리에서 어떻게 일어나는가?

주제가 선정되고 나면 조별로 다시 모여 각자 선정한 주제가 핵심 단원, 기본 단원, 심화 단원에 적합한지를 토의해야 한다. 이때 조별 구성은 브레인스토밍(brain storming)을 할 수 있도록 7명 내지 13명으로 구성하는 것이 좋으며, 이전의 '나를 표현하기' 과정에서 이미 편성된 사람들로 조를 편성해도 무방하다. 토의 과정에서는 학습자가 선정한 주제가 국가에서 정한 교육과정 목표에 적합한지, 그리고 세 가지 단원별로 적절한가를 검토해야한다. 이러한 검토 과정을 거쳐 선정된 주제는 타당성과 객관성을 확보할 수 있기 때문이다.

주제에 관한 토의 방법으로는 브레인스토밍 기법을 권장한다. 브레인스토밍은 참가자들이 문제 해결을 위한 아이디어를 끊임없이 내놓는 창의력 계발기법이며, 뇌에 폭풍을 일으킨다는 의미를 갖고 있다. Osborn이 개발한 이 기법은 학습자들이 모여서 집단 토의를 통해 새로운 아이디어를 얻기 위한 것이 목적이며, 이를 위해 여러 사람의 지혜와 아이디어를 모아 문제를 해결 하거나 의사결정을 내리게 된다. 따라서 토의 도중 자신이나 다른 사람의 의견을 성급하게 판단하거나 비판하지 말고(비판 금지의 원리), 어떤 생각이라도 자유롭게 의견을 발표할 수 있는 자유가 허용되어야 한다(자유분방). 또한, 참가자들이 토의를 통해 아이디어를 많이 제안할수록 우수한 아이디어가 나올 확률이 있기 때문에 토의 내용에 대한 질보다는 횟수(양)를 강조하며(다양성의 원리), 두개 이상의 아이디어를 결합시켜 새로운 아이디어를 만들어 내는 것(결합과 개선)을 목표로 하는 집단 토의 방법이다.

개인별로 제안된 주제가 다른 사람들의 피드백(feedback)과 함께 브레인스토밍을 거쳐 선정되고 나면 언제든지 쉽게 찾아볼 수 있도록 영역별로 컴퓨터에 폴더를 만들어 보관한다([그림 4-2] 참조). 이러한 포트폴리오(portfolio)[1] 수집 과정은 프로젝트 수업이 계획대로 실행되었는가를 점검하며, 수업 도중에 자료를 수정하거나 개선하기 위해 필요하다.

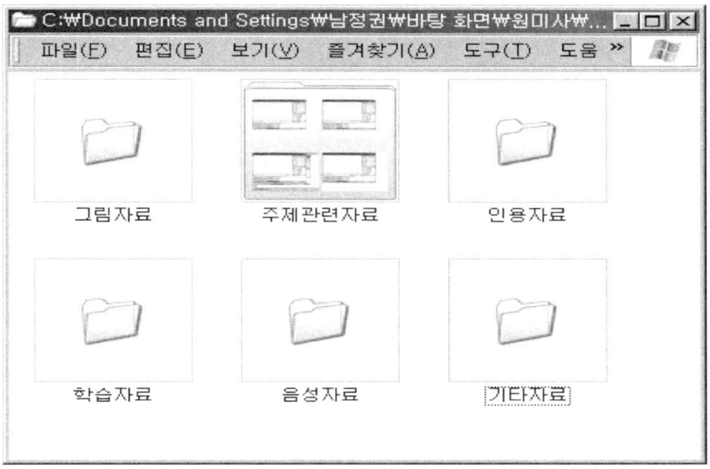

[그림 4-2] 포트폴리오 자료의 예

1) 손가방 또는 화첩이란 뜻이며, 여기서는 프로젝트 수업을 위해 생성된 모든 자료를 모아둔 곳을 뜻한다.

세 가지 단원별 주제가 선정되고 나면 구체적으로 학습 설계서를 작성해야한다. 학습 설계서는 프로젝트 수업이 완성될 때까지 수정·보완하면서 수시로 사용되기 때문에 최종적인 학습 방향을 안내하는데 있어서 매우 중요하다.

학습 설계서에는 단원 구성, 단원 목표, 국가 수준 교과별 교육과정, 학습 목표 및 결과, 수업 진행 과정, 선수학습 및 요소, 관련 기자재 및 자료, 수준별 학습 방안, 평가 방법, 자료 검색 관련 용어 등 프로젝트 수업을 위한 내용들이 구체적으로 상세하게 포함되어야한다(〈표 4-4〉 참조). 그러나 학습 설계서 작성 방법이 표준화되어있다든지, 포함되는 요소가 일정하게 정해진 것은 아니기 때문에 학습 단원이나 학년에 따라서 각각 다르게 구성될 수 있다. 또한, 학습자들은 학습 설계서 작성을 위한 사전 지식이나 경험이 없기 때문에, 교수자가 함께 참여하여 학습 과정을 안내하고 지도하면서 학습자와 함께 만들어 가는 것이 바람직하다.

<표 4-3> 수학과 학습 설계서의 예

【 단원 구성 】

교과 단원	이차함수의 그래프	학년	중3, 고1
교육 과정	핵심 단원	- **과연 세상은 변화하는가?**	
	기본 단원	• **다양하게 변화하는 자연현상, 사회현상은 어떻게 표현할 수 있을까?** - 변화하는 현상을 숫자로 표현할 수 있을까? - 변화하는 현상은 그림으로 표현이 가능할까? - 그러한 변화는 어떤 모양으로 나타날까? • **우리 주변에 존재하는 수학적인 요소들은 무엇인가?** - 자유투처럼 비스듬히 던진 물체는 어떤 운동을 하는가? - 미사일을 위로 발사하면 어떤 모양을 그리면서 움직일까? - 이동하는 모양을 수학적으로 어떻게 표현할 수 있을까?	
	심화 단원	- 이차함수의 그래프는 어떤 모양인가? - 이차함수의 그래프가 갖는 특징은 무엇인가? - **이차함수의 최대 값과 최소 값은 실생활에서 어떤 의미가 있는가?**	

【 단원 목표 】

- 이차함수의 뜻을 알게 한다.
- 이차함수의 그래프를 그릴 수 있게 한다.
- 이차함수의 그래프에서 최대 값과 최소 값을 구할 수 있게 한다.
- (심화과정) 그래프의 개형을 보고 함수식의 계수의 부호를 알 수 있다.

(계속)

『 국가수준 교과별 교육과정 』

1. 국민 공통 기본 교육과정 수학교육의 목표:
수학의 기본적인 지식과 기능을 습득하고, 수학적으로 사고하는 능력을 길러, **실생활**의 여러 가지 문제를 합리적으로 해결할 수 있는 능력과 태도를 기르는 것이다.

2. 7차 교육과정 수학 내용:
6개영역 가운데, 다양한 변화현상 가운데에서 종속관계를 인식하고 규칙성을 발견하고 이를 다양한 수학적 표현방법을 이용하여 수학적으로 고찰하는 경험을 제공하기에 적합한 **"규칙성과 함수"** 영역을 다루고자 한다.

3. "규칙성과 함수" 영역의 세부 내용 항목과 학습목표:
규칙 찾기와 대응 관계, 일차함수, **이차함수,** 유리함수와 무리함수, 삼각함수와 관련된 기초개념과 문제 해결 방법에 대한 이해로 정하고 있으며, 이 중 "이차함수" 단원으로 정하였다. 제시된 언어적인 기술로부터 함수적인 관계에 대한 심상을 구성하고 이를 기호화, 대수화, 기하화하는 다양한 수학적 경험을 통해, 궁극적으로는 주변 현상을 함수적인 관점에서 해석하고 함수적으로 보고 해결하는 함수적 사고 능력의 개발에 그 목적이 있다.

『 학습 목표 및 결과 』

- 이차함수의 뜻을 안다 - **이차함수의 예를 찾아낼 수 있다.**
- 이차함수의 그래프를 그릴 수 있다 - **컴퓨터를 활용하여 함수를 표현할 수 있다.**
- 이차함수의 그래프에서 최대 값과 최소 값을 구할 수 있다
  - **실험과 관찰을 통해 함수의 최대 값이 갖는 의미를 실생활에 적용시킬 수 있다.**

(계속)

『 수업진행 과정 』

프로젝트 수업 프리젠테이션(1차시 분)

- **단원 진행 전(1차시)**

- 교사가 제작한 자료를 발표한다.
- 학급 모둠 편성하기

- **단원 진행 중(일주일간 학생과제)**

- 모둠별로 주제 정하기
- 모둠별 역할 정하기
- 모둠별 일정 짜기
- 자료 수집하기
- 자료구성 아이디어 회의하기
- 수학적 내용들과 연결하여 재구성하기

- **단원 진행 후(1차시)**

- 모둠별 프로젝트 발표 및 평가
- 다음 단원에 효과적으로 기술을 통합할 수 있는 방안 마련

(45분 또는 50분 수업) × (2차시)

『 선수 학습 및 요소 』

- 함수에 대한 기본적인 개념 형성
- 정보통신기술(ICT) 소양

『 관련 기자재 및 자료 』

하드웨어: 컴퓨터, 인터넷
소프트웨어: 엑셀, 인터넷 웹 브라우저, 웹 개발도구
인쇄물: 교과서, 실험지도서, 참고서, 스토리 북 등
보조물: 포물선 관련 사진, 자유 낙하하는 물체의 동영상 자료 등
인터넷 자료:
- 에듀넷 http://www.edunet4u.
- 매스패드 http://www.mathpad.com
- 송상헌 홈페이지 http://plaza.ginue.ac.kr/~shsong
- 사단법인 수학사랑 http://www.mathlove.org

기타: 매스패드를 접속하여 프로그램을 실행해본다.

(계속)

『 수준별 학습 방안 』

• 프로젝트 학습은 형식적이고 기호화된 함수식이 제시되고, 대수적인 과정을 거쳐 꼭지점이나 최대 값과 최소 값의 계산에 치중하는 수업 방식에서 벗어나, 학생들의 자기주도적 학습을 유도한다. 이를 위해 수학적 성취도와 ICT 소양 정도에 따라 상 · 중 · 하 등 세 수준으로 구분하여 서로 도와주는 협동학습 형태로 수업을 진행할 수 있도록 학생 수준을 고려하여 이질집단으로 편성한다.

- **부진 학습자**: 수학문제에서의 함수는 어느 정도 이해하면서도 실생활에서의 함수를 이해하지 못하는 경우가 있으므로 **함수의 기본적인 개념 형성 및 프로젝트 문제의 본질을 이해**시킨다. 기호의 복잡성이 함수개념을 이해하는데 장애가 될 수 있으므로 **함수의 그래프는 컴퓨터를 이용한 실험을 통해 함수에 대한 시각적 이미지 형성**을 꾀한다.

- **우수 학습자**: 함수의 그래프를 해석하는 기회를 제공하고 한 가지 상황에서 다른 상황으로의 전이를 유도하며 **다양한 상황에서 함수 개념을 확인해 볼 기회**를 제공한다. 수학적 용어를 사용하여 언어적으로 기술하고, 그래프를 그리며, 수식으로 표현하는 과정을 통해 수학적으로 사고하고 수학적 의사소통 능력의 향상을 꾀한다. 식을 그래프로 번역하는 것뿐만 아니라 시각화한 것을 해석적으로 기술하는 방법 또한 중요하며, 현실과 수학을 연결하여 수학의 유용성을 깨달을 수 있는 기회를 부여한다.

『 학생 평가 』

• 평가 방법은 **그룹평가**와 **개인평가**를 합산한다.
- 그룹 활동 평가: 프로젝트 진행 과정 뿐 아니라 산출물(소재 선택측면, 수학 내용 구성측면, 기술측면)에 교사평가, 동료평가
- 개인 성취도 평가: 프로젝트 발표 후 개인차를 고려하여 유형을 달리한 수준별 문제를 학생들에게 제공하고, 학생들의 선택으로 이루어지는 심화, 기본, 보충 평가

『 자료 검색 관련 용어 』

• 이차함수
• 그래프
• 문제기반학습(PBL)
• 정보통신활용기술(ICT)

(3) 자료 탐색하기

ICT를 활용한 프로젝트 기반 수업에 있어서는 학습자가 필요로 하는 정보가 어디에 존재하는가를 아는 일(know where)이 매우 중요하다. 인터넷의 발달과 보급으로 인해 원하는 정보나 자료를 제공받을 수 있게 되었지만, 넘쳐나는 정보들은 학습자들에게 필요한 정보를 제대로 찾지 못하는 인지적 과부하(cognitive overload)를 초래하고 있다. 따라서 프로젝트 기반 수업을 위해서는 전혀 새로운 자료를 제작하기 보다는 기존의 자료를 학습 환경에 알맞게 편집 · 가공하여 사용하는 것이 효과적이다. 또한, 자료 탐색에 있어서는 인터넷에 의존하기 보다는 정기적인 간행물이나 잡지, 책자, CD 관련물, 비디오 자료, 방송자료 등을 통해 보다 풍부하고 다양한 정보나 자료를 얻는 것도 좋은 방법이다. 특히, 세계화와 정보화 시대에는 인터넷 검색과 함께 전문적인 지식을 갖추고 있는 사람과의 관계나 정기적인 학술회의, 세미나 등에 참석하여 최근의 정보를 습득하는 네트워킹 시스템(networking system)을 갖추는 일이 더욱 중요하다.

<표 4-4> 인터넷 주요 검색 엔진

국내	웹 사이트 URl	국외	웹 사이트 URL
구글	http://www.google.co.kr	Inter Public Library	http://www.ipl.org/
네이버	http://www.naver.co.kr	KartOO visual meta search	http://www.kartoo.com
야후	http://www.kr.yahoo.com/	LookSmart Vertical Search	http://search.looksmart.com
파란	http://www.paran.com	Open Directory Project	http://dmoz.org

자료를 제작하기 위해 새로운 자료를 탐색할 때에는 정보윤리와 함께 저작물에 대한 저작권이 침해되지 않도록 주의해야한다. 학교에서 교육 목적으로 자료를 이용하는 경우, 국내 저작권법에서는 '교육 목적상 필요하다고 인정되는 경우에만 공표된 저작물을 공연하거나 방송 또는 복제할 수 있다' 고 규정하고 있다. 따라서 영리를 목적으로 이용해서는 안 되며, 저작물은 반드시 그 출처를 명시해야한다.[2] 또한, 다른 저작물의 본문을 이용하는 경우, 그 작업물의 10% 이하나 또는 1000 단어 이하를 사용할 수 있으며, 삽화나 그래픽은 작가 당 5개의 이미지나 또는 이미지들 가운데 10% 이하만 사용 가능하다.

이와 함께 인터넷에서 다운 받은 자료는 직접 사용하기 보다는 질적 검증을 위해 〈표 4-5〉의 기준에 따라 웹 사이트를 평가해보는 것이 바람직하다.

<표 4-5> 웹 사이트 평가서

Web Site 평가 요소
• Site URL은 무엇인가?
• Site의 내용이 학습 대상자와 일치하는가?
• 제공된 정보가 주관적이지 않고 객관적인가?
• 정보를 생성한 사람이 관련 분야에 전문적인 지식이 있는가?
• 언제나 정보 제공자와 의사소통이 가능한가? (이메일 또는 전화번호)
• 제공된 자료가 최신의 정보인가?
• 제공된 자료가 다른 사이트를 인용하거나 복사한 것인가?
• 제공된 정보가 학습에 매우 유용하게 사용할 수 있는가?
• 제공된 자료가 다른 사이트를 성실하게 안내하고 있는가?

2) 저작권 관련 종합 사이트 http://ebo.co.kr/copyright/ 참조.

2. 계획 세우기

목적의 문제		방법의 문제		시기의 문제
소개하기	계획 세우기	학습자 자료 제작	교수자 자료 제작	정리 및 평가하기
* 인사 나누기 * 주제 선정하기 * 자료 탐색하기	* 수업 계획 세우기 * 조별 활동 계획 세우기	* 학습 자료 제작 * 홍보물 제작 * 홈페이지 제작	* 강의 자료 제작 * 안내문 제작 * 홈페이지 제작	* 자료 정리하기 * 발표하기 * 평가하기
* 학습 설계서 작성	* 수업 계획서 작성	* 프리젠테이션 * 퍼블리셔 사용 * 웹 자료 제작	* 강의 자료 * 안내문 * 홈페이지	* 아이디어제공 * 정보나누기 * 수정 및 보완

(1) 수업 계획 세우기

수업 계획을 세우기 위해서는 사전에 학습 환경을 고려해야 한다. 이러한 학습 환경 분석은 수업 계획을 학년별로 할 것인지, 또는 주(周)별, 단원별, 주제별로 할 것인지를 결정하게 되고, 이에 따라 학습 기간이 정해지게 된다. 이 책에서는 프로젝트를 성공적으로 완수하는 것이 목적이기 때문에 주제를 정하여 프로젝트 수업 계획을 세우면 된다.

프로젝트 수업 계획은 1차시를 기준으로 수업이 실시되기 이전에 미리 준비되어야 할 요소들이나 수업 도중과 수업 이후에 필요한 내용들을 정리하여 수행하면 된다. 한편, 프로젝트를 기준으로 하는 경우에는 수업 이전과 수업 도중, 수업 이후 등 3 단계로 나누어 각각의 단계에 따라서 구체적인 수업 계획을 세울 수 있으며, 학습 환경과 필요에 따라 적절한 방법을 선택하면 될 것이다.

수업 계획을 세울 때에는 핵심 단원, 기본 단원, 심화 단원별로 학습 설계서에 제시된 것처럼 되어있는지를 구체적으로 확인해야한다. 그러한 이유는 수업 계획이 학습 설계서를 기초로 작성되어야 하며, 때로는 수업 계획에 맞게 학습 설계서가 수정될 필요가 있기 때문이다.

학습 설계서를 수정하기 위해서는 먼저 세 가지 단원(핵심 단원, 기본 단원, 심화 단원)들이 계획과 일치하는지를 살펴본 후, 단원별로 부적절한 수업 내용은 변경해야한다. 또한, 수업이 이루어지기 이전에 학습자들이 수행해야 하는 토론에 관련된 사항이나 컴퓨터 실습실 예약 상황, 실습 기구나 장치의 유무 및 작동 상태, 학습 환경 등에 관해서도 세심하게 살펴보아야 한다. 이와 함께 학습 방법을 개별로 할 것인지, 혹은 협력으로 진행할 것인지를 선택한 후, 사전에 학습 활동을 지원하기 위한 매체나 자료에 대한 활용 여부도 확인해 둘 필요가 있다. 또한, 학습자가 프로젝트 수업을 계획하고 수행하기 위해 개발에 필요한 시간도 세밀하게 파악하여 프로젝트 수업 계획서에 반영해야 한다(〈표 4-6〉 참조).

<표 4-6> 프로젝트 수업 계획서의 예시

Q	• 효과적인 수업을 위해 설치되어야 하는 기기나 프로그램은 무엇인가?
Ans	*기기: 빔 프로젝터, 실물 화상기 프로그램: 플래시, 포토샵, 일러스트, 비디오메이커 등*
Q	• 수업을 지원하기 위해 인터넷 사용이 가능한가? 가능하다면 어느 정도인가?
Ans	*인터넷을 이용한 자료검색, 이메일 전송, 넷 미팅, 게시판 자료 올리고 내려받기*
Q	• 수업을 위해 교사가 사전에 알고 있어야 하는 지식은 어떤 것들인가?
Ans	*학습자 스케폴딩(scaffolding), 기기나 장치의 사용 방법, 발표 요령 등*
Q	• 협력 학습을 위해 사전에 학습자에 대한 고려 사항은?
Ans	*컴퓨터 사용능력, 역할 분담, 학습자의 외적 및 심리적 상태 등*
Q	• 수업 외적 또는 내적으로 지원받을 사람은 누구인가?
Ans	*동료 교사, 전문가, 학부모 등*
Q	• 수업을 시작하기 이전에 미리 준비해야 할 사항은?
Ans	*컴퓨터 실습실 예약, 전문가 초빙 시간 전화 확인, 기구실 사용 시간 예약 등*
Q	• 수업을 위한 보조 자료가 필요한가? 필요하다면 어떤 종류인가?
Ans	*이동식 칠판과 필기도구, 여분 메모지, 마이크 여분 등*
Q	• 수업 도중에 학습자의 질문에 어떻게 피드백을 줄 것인가?
Ans	*질문이 있는 학습자는 책상위에 빨간색 깃발을 놓고, 해결되면 녹색 깃발을 게시함*
Q	• 수업이 끝난 후 평가 방법과 평가 기준은 무엇인가?
Ans	*일정한 기준에 모두가 도달하는 절대평가 방식으로 하되 백분율로 평가 예정*

(2) 조별 활동 계획 세우기

조별 활동 계획은 조원들끼리 프로젝트 수업을 위해 역할을 분담하는 활동이다. 조원들의 역할은 부익부 현상이나 봉 효과, 무임 승객 효과 등이 발생하지 않도록 학습자 능력에 알맞게 분담해야 한다. 부익부 현상이란 학습 능력이 높은 학습자가 다른 사람보다 더 적극적으로 학습에 참여함으로써 성취도가 집중되어 높게 나타나며, 결국에는 집단을 장악하는 현상을 말한다. 이와 반대로 학습 능력이 높은 학습자를 과도하게 통제한 결과, 그들이 학습에 적극적으로 참여하지 않는 현상을 봉 효과라고 한다. 한편, 학습 능력이 낮은 사람이 능력이 높은 학습자에게 편승함으로써 노력하지 않고 높은 학습 성과를 거두는 것을 무임승객 효과라고 한다.

조별 활동은 서로 과제를 협력하여 수행하기 때문에 다른 동료에게서 배우는 학습 효과와 함께 학습자의 사회력과 협동력을 증진시킬 수 있지만 개인별로 분명하게 책임이 주어져야한다. 앞에서 제시한 부익부 현상이나 봉 효과, 무임승객 효과 등은 조별 활동에서 역할 분담이 제대로 이루어지지 않아 학습자들이 책임을 다하지 않은 경우 발생한다. 따라서 이를 방지하기 위해서는 주기적으로 조를 새롭게 편성한다든지, 또는 과목별로 조를 편성하는 것이 좋다.

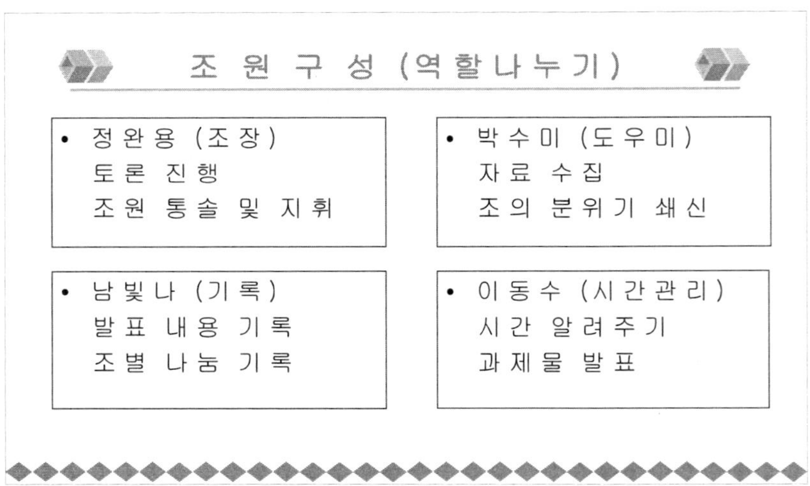

[그림 4-3] 조별 역할 나누기의 예시

제 5 장 방법(How)의 문제 해결하기

1. 학습자 자료 제작

목적의 문제		방법의 문제		시기의 문제
소개하기	계획 세우기	학습자 자료 제작	교수자 자료 제작	정리 및 평가하기
* 인사 나누기 * 주제 선정하기 * 자료 탐색하기	* 수업 계획 세우기 * 조별 활동 계획 세우기	* 학습 자료 제작 * 홍보물 제작 * 홈페이지 제작	* 강의 자료 제작 * 안내문 제작 * 홈페이지 제작	* 자료 정리하기 * 발표하기 * 평가하기
* 학습 설계서 작성	* 수업 계획서 작성	* 프리젠테이션 * 퍼블리셔 사용 * 웹 자료 제작	* 강의 자료 * 안내문 * 홈페이지	* 아이디어 제공 * 정보나누기 * 수정 및 보완

학습자 자료란 학습 활동 중에 학습자에게 필요한 자료를 제작하는 것을 말한다. 따라서 학습 활동을 지원하려는 것이 목적이기 때문에 학습자 관점에서 제작되어야 하며, 처음부터 너무 어려운 응용 프로그램을 사용하여 제작하기 보다는 학습 현장에서 널리 사용되는 프리젠테이션 자료나 퍼블리셔(publisher), 텍스트 문서 등을 사용하는 것이 바람직하다. 프리젠테이션은 발표용, 퍼블리셔는 홍보나 안내용, 웹 자료나 홈페이지는 상호작용 지원용으로 각각 사용될 수 있지만 이들의 용도를 반드시 구분할 필요는 없다. 다만, 각 과정마다 제작하고자 하는 자료가 학습 활동에 왜 필요한지를 다시 한 번 생각해보고 계획 세우기 과정에서 이미 제작한 수업 계획서를 검토하면서 수정하는 작업이 동시에 이루어져야 한다.

(1) 학습 자료 제작

학습 자료를 제작할 때에는 매력적인 자료에 관심을 둔 나머지 너무 어려운 응용 프로그램을 선택하여 제작할 수 있다. 학습 자료는 언제든지 손쉽게 제작하고 편집과 가공이 용이하며, 널리 사용되는 일반적인 프로그램을 선택하는 것이 경제적이다. 따라서 학습 자료를 제작하기 이전에 학습자들끼리 조별로 모여서 기존에 만들어진 자료의 특징에 관해 토론하는 것이 효과적이다. 이러한 과정을 거치고 난 후, 제작하고자 하는 학습 자료의 내용을 선정하거나 응용 프로그램을 목적에 맞게 선택해야 한다. ICT 활용 도구는 학습 활동을 지원하기 위한 보조 수단이지, 도구 자체가 학습의 목적이 되어서는 안 된다.

여기서는 학교 현장에서 현재 널리 사용되며, 학습자가 손쉽게 제작할 수 있는 파워포인트를 사용하여 학습 자료를 제작하는 방법에 관하여 살펴보기로 한다.

파워포인트는 프리젠테이션을 위한 응용 프로그램으로서, 제작 목적에 따라 발표용과 정리용으로 나눌 수 있다. 발표를 위해 제작되는 파워포인트는 수업 시간 활용, 차트나 도표 제시, 그래픽 자료 제시, 여론 및 설문 조사 결과 제시, 회의 자료 제시 등에 사용된다. 한편, 정리를 목적으로 제작하는 경우에는 조별 프로젝트에 사용한다든지, 인터넷이나 CD 자료에서 얻어진 결과를 통합하거나 개인적으로 학습 내용을 정리하기 위해서 사용된다.

학습 자료의 제작 목적은 학습 목표 도달을 지원하는데 있기 때문에 제작하려는 자료는 학습 내용과 일치해야 한다. 그러나 자료를 제작하다보면 처음에 의도했던 방향을 벗어날 수 있기 때문에, 제작하기 이전에 스토리보드(storyboard)[3]를 작성해야 한다.

<표 5-1> 스토리보드의 예

화면 1	화면 내용
제목	우리는 하나 될 수 있나요?
부 제목	조상님들은 어떻게 하나가 되었나요.
삽입 자료	월드컵 과 강강술래 그림 또는 사진
화면 2	**화면 내용**
제목	무엇을 알고 싶은가요?
부 제목	• 우리는 월드컵 때 온 국민이 하나로 뭉쳐 응원을 했어요. • 할머니께서는 우리 국민들은 어려운 일이 있거나 즐거운 일이 있으면 하나로 뭉치는 힘이 있다고 하셨어요. • 왜 그렇게 말하는지 궁금했어요.
삽입 자료	궁금해 하거나 호기심 갖는 사진이나 그림
화면 3	**화면 내용**
제목	우리 조 소개 (참 좋은 조)
부 제목	• 자료 뭉치기 : 강바람, 김슬기 • 꾸밈 뭉치기 : 이빛나, 박보람 • 생각 뭉치기 : 주은혜, 이사야
삽입 자료	조별 특성을 나타내는 아이콘이나 그림

3) 정확한 자료 제작을 위해 각각의 화면에 삽입할 그림이나 내용을 스케치한 여러 장의 자료를 말한다.

1) 파워포인트 제작 방법

파워포인트를 제작하는 방법에 대해서는 기존의 수많은 책에서 구체적으로 상세하게 언급하고 있다. 이 책에서는 파워포인트 제작 기법을 구체적으로 언급하기보다는 파워포인트를 사용하여 학습 자료를 제작할 때, 반드시 필요한 기본적인 내용과 함께 ICT 활용 관련 자료를 제작하기 위한 과정을 MS office 2003 응용 프로그램을 중심으로 제시하고자 한다. 따라서 파워포인트 사용에 관한 구체적인 내용을 원할 때에는 기존에 출판된 다른 교재들을 참고하기 바란다. 아울러 제작 도중에는 수시로 파일을 저장하여 자료가 삭제되는 일이 발생하지 않도록 주의해야 한다.

가. 파워포인트 열기

초보자가 파워포인트를 쉽게 사용하기 위해서는 □ + □ 키를 누르거나 메뉴 표시줄에서 '보기 - 작업창'을 누르면 된다. 다른 작업창으로 이동하기 위해 화면의 오른쪽 상단에 있는 아래표시 단추(▼)를 누르면 [그림 5-1]과 같은 하위 메뉴가 표시된다. 하위 메뉴에 있는 '슬라이드 레이아웃, 슬라이드 디자인, 슬라이드 디자인 - 색구성표, 슬라이드 디자인 - 애니메이션 구성, 학습자 지정 애니메이션, 화면 전환' 등의 여러 가지 기능을 이용하여 손쉽게 자료를 제작할 수 있다.

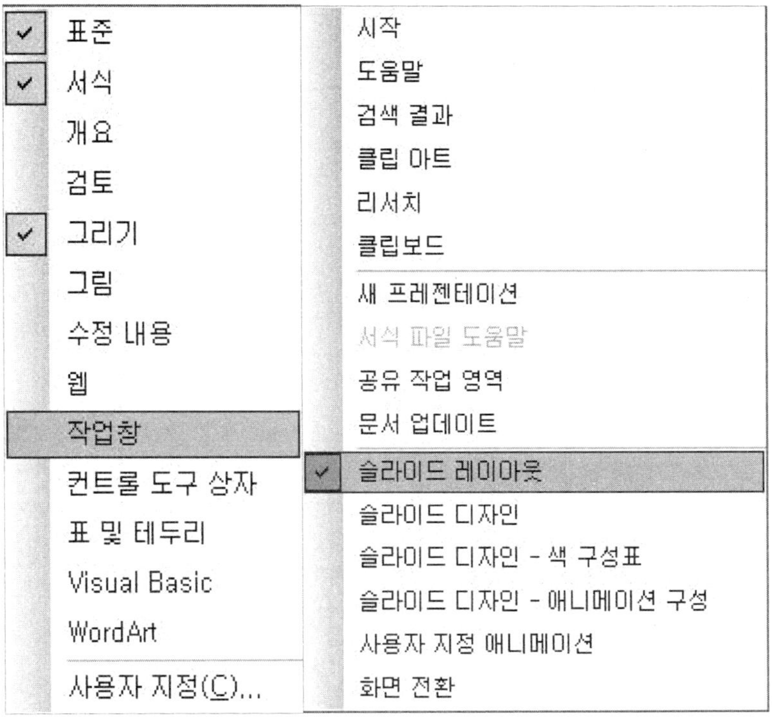

[그림 5-1] 작업창 과 하위 메뉴

(가) 슬라이드 레이아웃의 적용

화면의 오른쪽 상단에 있는 작업 창을 마우스로 누른 후, 여러 개의 하위 메뉴 가운데 '슬라이드 레이아웃'을 선택한다. 슬라이드 레이아웃의 적용 방법에는 '텍스트 레이아웃, 내용 레이아웃, 텍스트 및 내용 레이아웃, 다른 레이아웃'등이 있으며 필요한 기능을 선택하여 사용하면 된다.

[그림 5-2]는 텍스트 레이아웃을 누른 후, 맨 위쪽에 있는 제목 슬라이드를 선택한 화면이다.

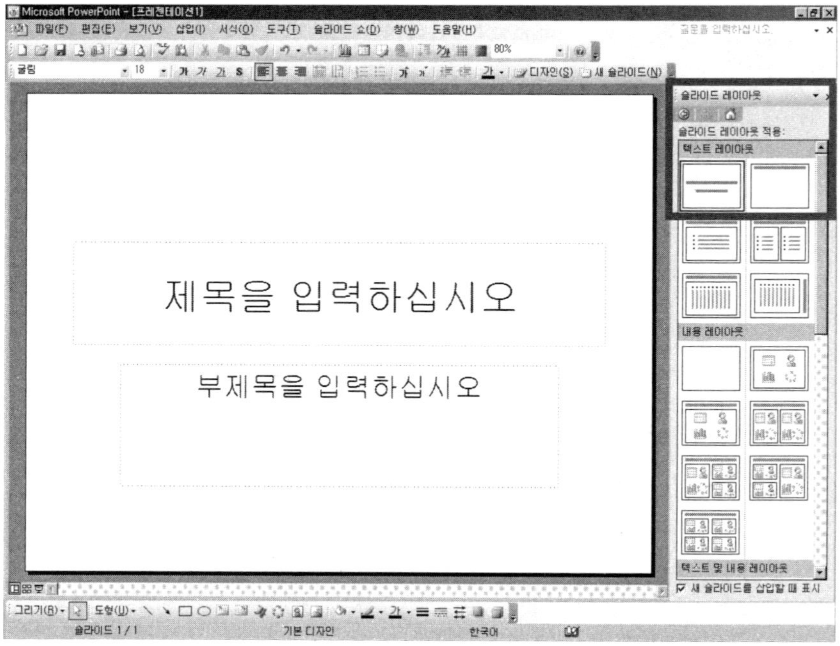

[그림 5-2] 슬라이드 레이아웃의 적용

(나) 슬라이드 디자인의 적용

슬라이드 디자인은 학습자가 화면 구성을 따로 할 필요 없이, 이미 구성된 슬라이드를 선택하여 사용하는 방식이다. 따라서 편리하게 슬라이드를 구성할 수 있으며, 선택 방법은 작업 창의 하위 메뉴 가운데서 '슬라이드 디자인'을 마우스로 누르면 된다. 슬라이드 디자인에는 '최근에 사용한 서식 파일'과 '사용 가능한 서식 파일'의 두 가지 방식이 있으며, 학습자는 이미 설계된 여러 개의 디자인 서식 파일 중에서 원하는 파일을 선택하여 사용하면 된다([그림 5-3] 참조).

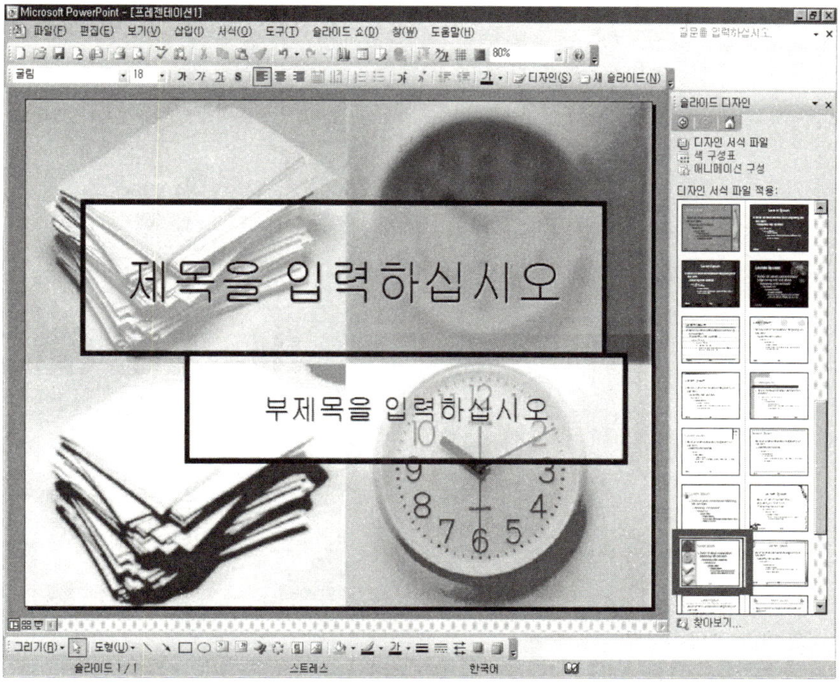

[그림 5-3] 슬라이드 디자인의 적용

(다) 슬라이드 디자인 – 색 구성표의 적용

색 구성표는 이미 선택된 슬라이드 디자인의 색을 학습자가 임의로 변경하고자 할 때 사용한다. 색 구성표를 적용하여 학습자는 화면에 다양한 색감을 부여할 수 있다([그림 5-4] 참조).

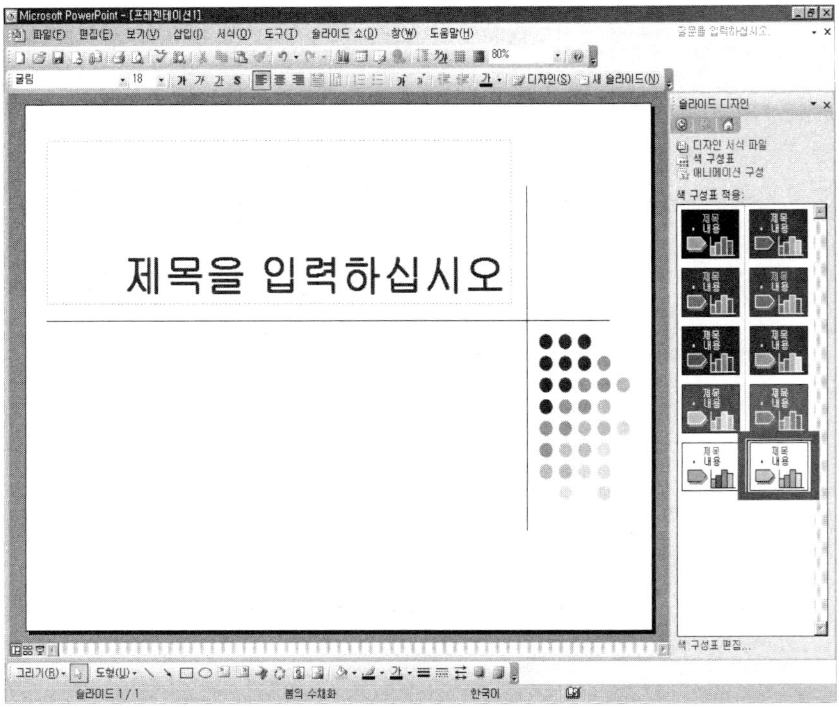

[그림 5-4] 색 구성표의 적용

(라) 슬라이드 디자인 – 애니메이션 구성의 적용

애니메이션 구성을 적용함으로써 학습자는 제작 중인 자료의 화면에 다양한 효과를 부여할 수 있다. 이 기능을 사용하면, 학습자는 화면마다 각각 다른 애니메이션을 손쉽게 적용할 수 있다. 즉, 작업 창에서 '사용자 지정 애니메이션'을 누른 후 '효과 적용'을 선택하면, 학습자의 기호에 적합하게 다양한 애니메이션을 적용할 수 있으며([그림 5-5] 참조), '화면 전환'을 누르면 선택한 화면에 다양한 화면 전환 효과를 줄 수 있다.

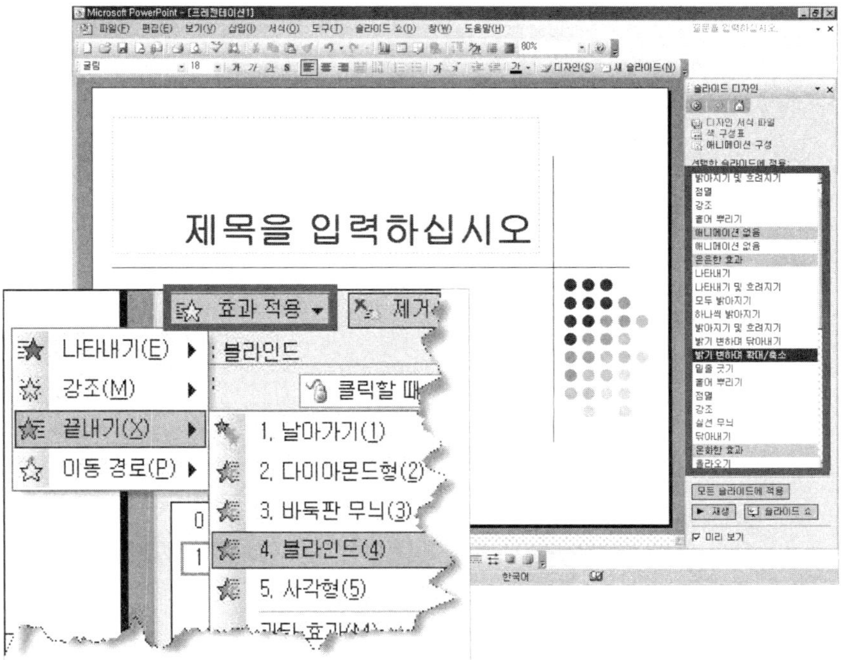

[그림 5-5] 애니메이션 구성의 적용

나. 클립아트와 그림 자료의 삽입

파워포인트에서 클립아트나 그림 자료의 삽입은 학습자에게 흥미를 주고 집중력을 높일 수 있다. 그러나 너무 많은 클립아트와 그림 자료의 사용은 오히려 학습에 방해를 줄 수 있기 때문에 신중하게 사용해야한다.

자료의 삽입 방법은 [그림 5-6]과 같이 메뉴에서 '삽입 - 그림'을 누른 후 클립아트 또는 그림 파일을 선택한 후, 해당 파일을 찾아서 삽입한다.

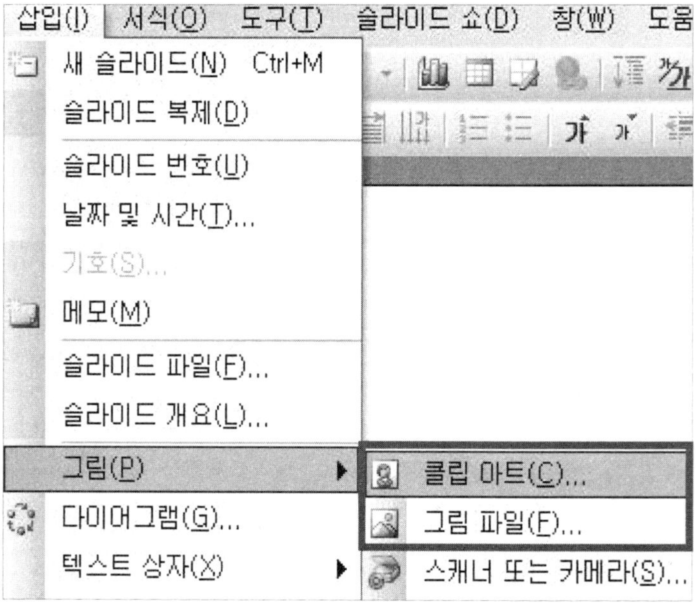

[그림 5-6] 클립아트 및 그림 자료의 삽입

다. 음악 및 동영상 자료의 삽입

음악 파일이나 동영상 파일 삽입은 그림 자료의 삽입과 유사하다. 자료의 삽입 방법은 [그림 5-7]과 같이 메뉴에서 '삽입 - 동영상 및 소리'를 선택한 후, 하위 메뉴에 있는 '동영상 파일'이나 '소리 파일'을 마우스로 누른 후, 해당 파일을 찾아서 삽입한다.

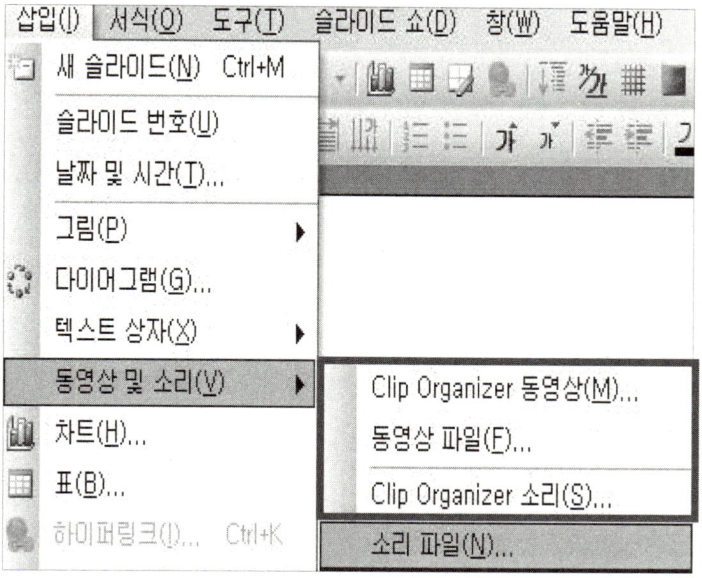

[그림 5-7] 음악 및 동영상 자료의 삽입

라. 그래프 그리기

파워포인트에서는 차트를 삽입하여 그래프를 손쉽게 그릴 수 있다. 메뉴에서 '삽입 - 차트'를 선택하면, 데이터 시트와 함께 그래프가 보인다. 데이터 시트에서 행과 열의 데이터를 변경시켜 주면, 그래프의 모양도 데이터 수치에 알맞게 변하게 된다. 차트의 모양을 바꾸려면 그려진 그래프를 마우스로 더블 클릭한 후, 변경된 창에서 그래프를 선택한 다음, 마우스 오른쪽 버튼을 누르고 나서 '차트 종류'를 선택한다. 차트 종류는 '표준 종류'와 '사용자 지정 종류'가 있는데 학습자가 필요한 모양의 그래프를 선택하여 변경하면 된다([그림 5-8] 참조).

차트나 축에 제목을 추가하려면 차트 옵션 창에서 지정한다. 차트 옵션 창은 마우스로 그래프를 더블 클릭한 후, 차트 영역에서 마우스 오른쪽 버튼을 누르면 선택할 수 있다([그림 5-9] 참조).

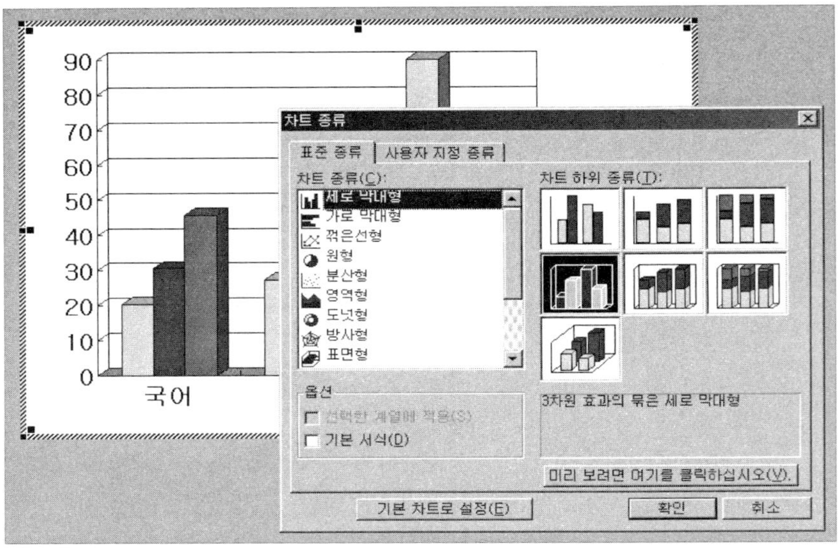

[그림 5-8] 차트 삽입과 차트 종류

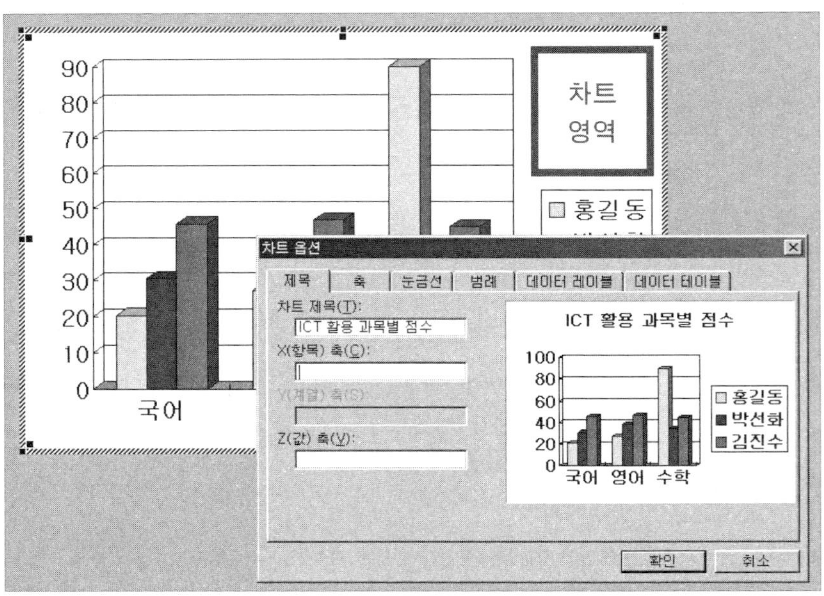

[그림 5-9] 차트 영역과 차트 옵션

마. 하이퍼링크와 플래시 파일 삽입

(가) 하이퍼링크

하이퍼링크(hyperlink)는 파워포인트에서 작성한 화면끼리 연결하거나, 다른 문서 또는 인터넷과 연결할 때 사용된다. 따라서 하이퍼링크는 연결하려는 화면에 있는 문자나 그림위에 마우스를 올려놓은 후, 마우스 오른쪽 버튼을 눌러서 '하이퍼링크'를 선택하면 된다. 파워포인트에서 하이퍼링크는 기존 파일 및 웹 페이지, 현재 문서, 새 문서 만들기, 전자 메일 주소 등에 연결 가능하다.

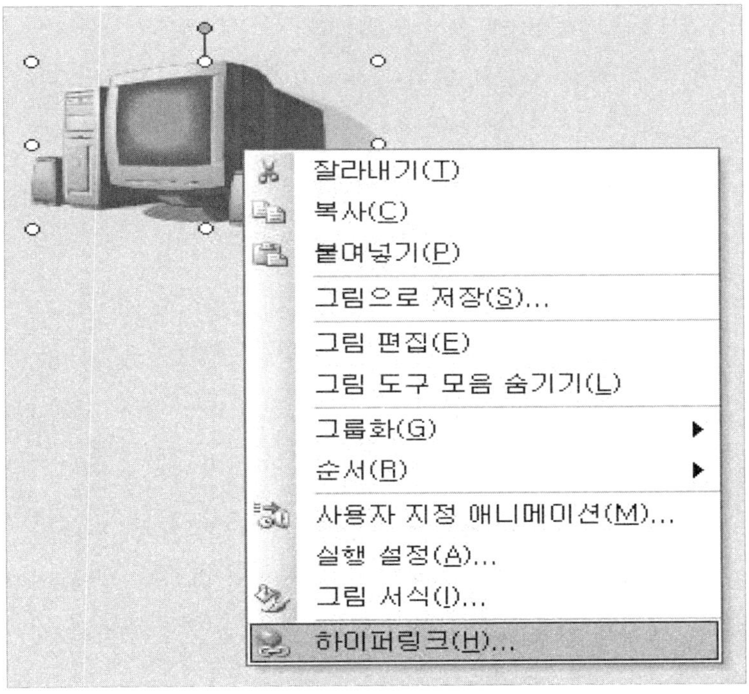

[그림 5-10] 그림 자료와 하이퍼링크 삽입

(나) 그림 자료 내려받기와 플래시 삽입

인터넷에서 그림 자료를 내려받기 하려면 내려받으려는 사진 위에 마우스를 올려놓은 후, 마우스 오른쪽 버튼을 눌러서 '다른 이름으로 그림 저장'을 선택하여 클릭한다. 여기서 그림 저장 창이 나타나면 저장 위치에서 다운 받은 파일을 저장하려는 폴더나 장소를 선택하고 파일 이름을 작성한 후, 파일 형식 영역에서 원하는 파일 형식을 선택하되, 파일의 확장자를 bmp 보다는 컴퓨터 용량을 줄일 수 있는 jpg 로 선택하여 내려받는 것이 바람직하다.

한편, 플래시(flash)는 용량을 적게 차지하며 배우기 쉽다. 특히, 플래시 무비는 액션 스크립트의 사용으로 상호작용이 가능하기 때문에 애니메이션을 위한 학습 자료로 널리 활용되고 있다. 따라서 파워포인트에서는 그림 자료 이외에 플래시 파일을 삽입하여 학습 자료를 제작하면 매우 효과적이다. 플래시 파일을 파워포인트에 삽입하기 위해서는 플래시 파일이 파워포인트 파일과 같은 위치(폴더)에 있어야 작동되기 때문에 하나의 폴더를 지정하여 사용하는 것이 유리하다. 플래시 파일은 확장자가 fla, swf, html의 세 가지 형식으로 지정되며, fla 파일은 처음 작업할 때 저장되는 편집파일로서 수정과 변경이 가능한 작업 파일이다. 그러나 swf 파일은 재생 파일로서 수정이 불가능하며, html 파일과 결합하여 웹에서 사용된다. html 파일은 인터넷에 올릴 수 있는 가장 기본적인 문서파일이며, 플래시에서 작업이 끝난 최종 자료는 제작(publish) 메뉴를 사용하여 저장하면 한 개의 파일에 대하여 세 가지 형식의 파일을 모두 얻을 수 있다.

파워포인트에 삽입하여 사용 가능한 파일은 플래시 재생을 위해 swf 파일이 사용된다. 먼저 플래시 파일을 삽입하기 위해 '보기 - 도구 모음

- 컨트롤 도구 상자'를 클릭한다([그림 5-11] 참조).

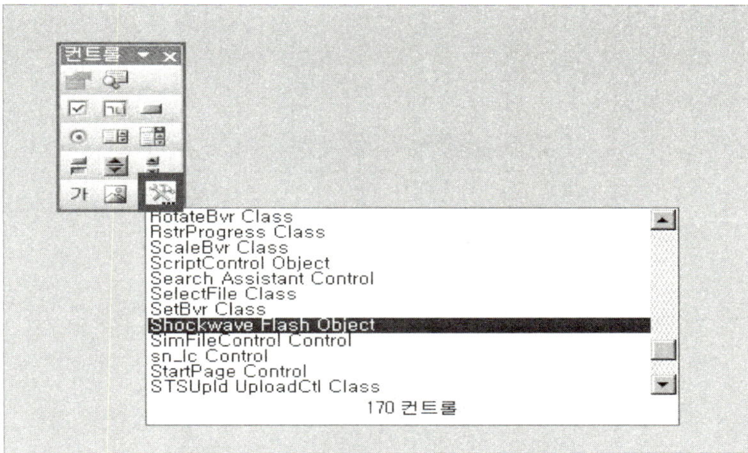

[그림 5-11] 컨트롤 도구 상자

마우스 모양이 플러스(+) 형태인 상태에서 플래시 그림을 나타내려는 크기만큼 왼쪽 버튼을 눌러서 끌어주면 [그림 5-12]와 같이 보인다.

[그림 5-12] 플래시 객체 크기 지정

플래시 객체를 마우스로 지정한 후, 오른쪽 버튼을 눌러서 나타나는 메뉴 창에서 속성을 선택하여 누르면 속성 창이 열리는데, 여기서 '(사용자 정의)'를 누르면 오른쪽에 ... 모양의 버튼이 보이며([그림 5-13] 참조), 이 버튼을 누르면 속성 페이지 창이 열린다([그림 5-14] 참조).

[그림 5-13] 플래시 객체 크기 지정

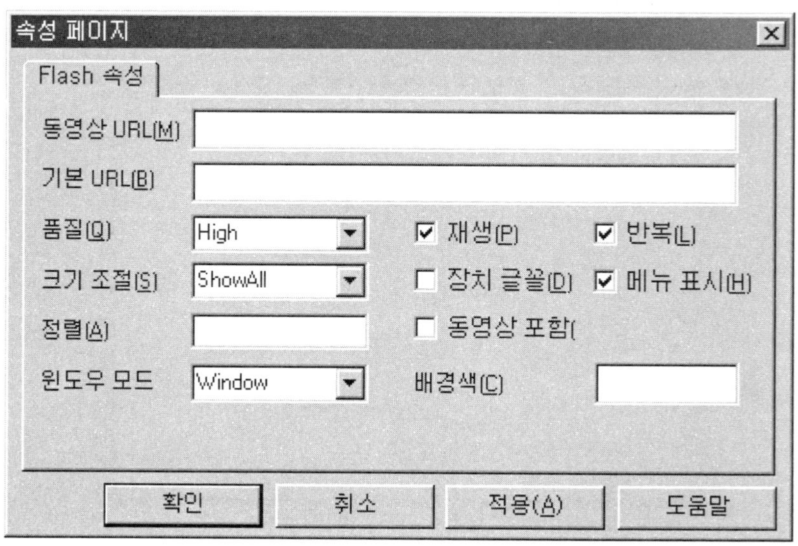

[그림 5-14] 속성 페이지 지정

삽입하려는 swf 플래시 파일이 저장된 위치에서 마우스 오른쪽 버튼을 눌러서 속성을 클릭하면 파일에 대한 등록 정보 창이 열린다([그림 5-15] 참조). 여기서 '위치'를 보면 파일이 저장된 위치를 알 수 있으며, 이곳을 마우스로 선택한 후 복사하여 [그림 5-14] 화면의 '동영상 URL'에 붙여넣기를 한다([그림 5-16] 참조).

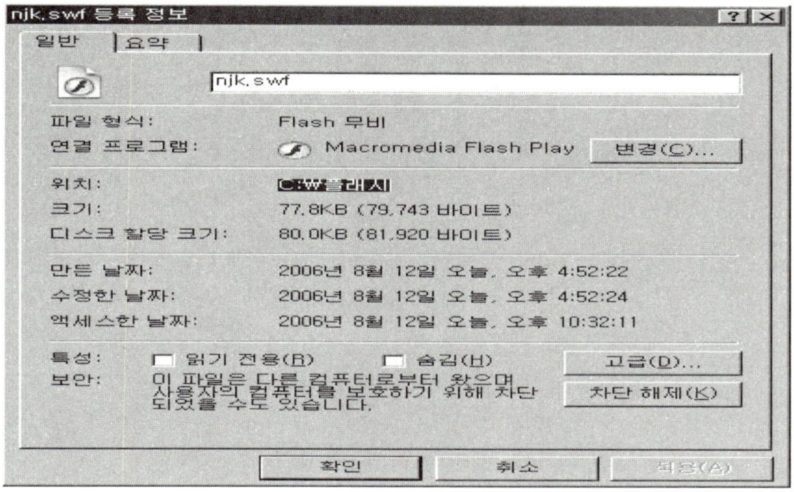

[그림 5-15] 플래시 파일의 등록정보

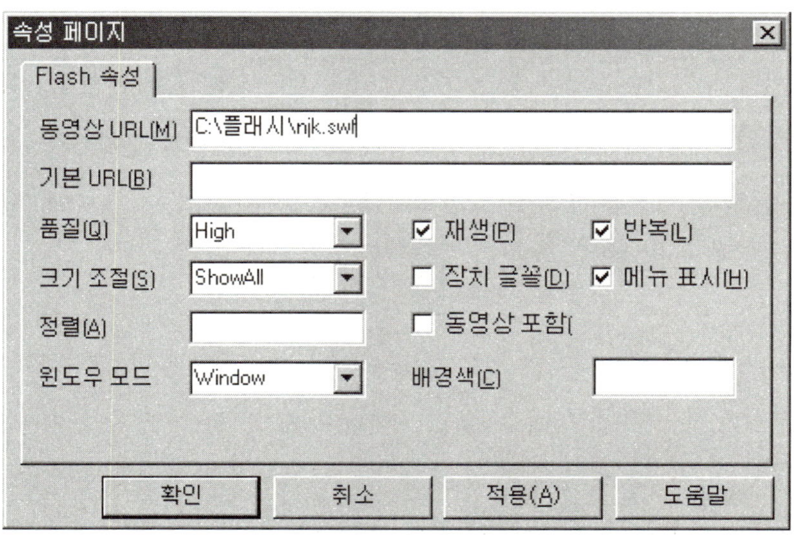

[그림 5-16] 속성 페이지 위치 지정

파워포인트를 실행하지 않은 상태에서 플래시 객체는 [그림 5-12]와 같이 보인다. 따라서 플래시 화면을 보기 위해서는 파워포인트의 '슬라이드 쇼' 메뉴에서 '쇼 보기'를 클릭하거나 단축키 F5를 눌러서 실행하면 된다([그림 5-17] 참조).

[그림 5-17] 파워포인트의 플래시 실행 화면

바. 자료의 저장 및 인쇄

자료를 제작하면서 갑작스런 정전이나 프로그램 오류 등으로 인해 제작된 자료가 삭제되거나 수포로 돌아가지 않도록 대비해야한다. 따라서 완성된 자료를 저장하기 보다는 자료를 제작하는 도중에는 수시로 현재까지 진행 중인 파일을 저장해야한다.

파워포인트에서 자료의 저장 방법은 여러 가지가 있으나, 프레젠테이션(ppt), 웹 페이지(htm, html), PowerPoint 쇼(pps), JPEG파일 교환형식(jpg) 등 네 종류의 파일 확장자를 사용하여 저장해보기로 한다. [그림 5-18]은 한 개의 파워포인트 파일을 네 종류의 파일로 각각 다르게 저장한 아이콘의 모양이다.

[그림 5-18] 파워포인트의 플래시 실행 화면

파워포인트에서 파일 저장은 상단의 메뉴 표시줄에서 '파일 - 다른 이름으로 저장'을 누른다. 자료를 어디에 어떤 이름으로 저장할 것인지 저장 위치와 파일 이름을 지정한 후, 파일 형식에서 아래표시 단추(▼)를 눌러서 저장하려는 형식의 확장자를 선택하면 된다. 파워포인트 파일을 저장할 때 주로 사용되는 파일 형식은 프레젠테이션(ppt) 형식이지만, 메뉴를 보지 않고 세련된 슬라이드 쇼를 본다든지, 파워포인트 안에서 슬라이드 쇼를 보면서 계속 편집하는 작업을 하고자 할 때에는 PowerPoint 쇼(pps) 형식으로 저장하여 사용한다. 한편, 웹 페이지(htm, html) 형식은 학습자의 상호 작용을 지원하거나, 웹 브라우저(web browser)[4]에서 저장된 파워포인트를 볼 때 사용하며, JPEG파일 교환 형식(jpg)은 한개 또는 슬라이드 전체의 실행 화면을 그림으로 변환하여 저장할 수 있다.

파워포인트 파일의 용량을 줄이기 위해서는 저장할 때 파일을 압축하는 것이 좋은 방법이다. 파일 압축 방법에는 여러 가지가 있으나, 우선 압축 프로그램을 인터넷에서 다운받아 설치해야한다. 가장 널리 쓰이는 알집 프로그램의 경우, 무료로 사용 가능한 프리웨어(freeware) 버전을 다운받아 설치하면 편리하다.

파일을 압축하기 위해서는 압축하려는 파일 위에 마우스를 올려놓은

4) 인터넷을 사용하기 위해 사용되는 익스플로러 또는 네비게이터와 같은 웹 프로그램을 뜻한다.

후, 오른쪽 버튼을 눌러 '알집으로 압축하기'를 선택한다. 그리고 자동으로 보이는 압축 창에서 저장 위치를 지정한 후, 압축 버튼을 누르면 압축이 시작된다([그림 5-19] 참조). 압축을 풀기 위해서는 압축 파일을 마우스로 두 번 누르면 압축풀기 창이 나타난다. 여기서 압축을 풀고자 하는 위치를 지정한 후, 압축풀기 버튼을 누르면 압축이 풀린다([그림 5-20] 참조).

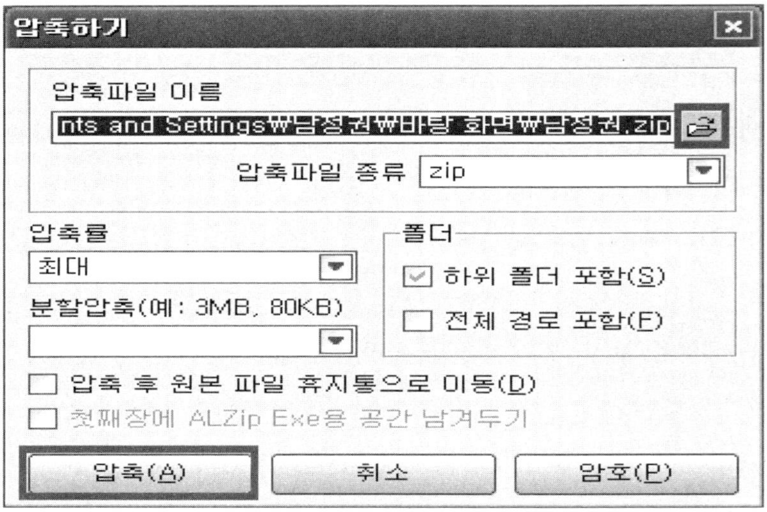

[그림 5-19] 알집으로 압축하기

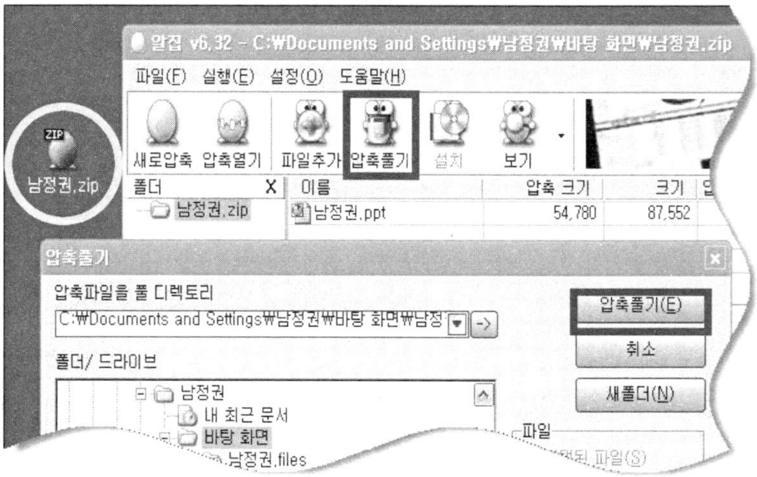

[그림 5-20] 알집 파일과 알집으로 압축풀기

파워포인트의 슬라이드를 인쇄하려면 메뉴 표시줄에서 '파일 - 인쇄'를 마우스로 누른 후, 인쇄 창에서 '인쇄 범위, 인쇄 대상, 컬러/회색조'를 각각 필요에 따라 선택하면 된다([그림 5-21] 참조). 가장 널리 사용되는 A4 용지에 유인물 인쇄를 하려면, 인쇄 창에 있는 '인쇄 대상'에서 '유인물'을 선택한다. 그리고 오른쪽에 있는 '유인물'에서 '한 페이지 넣을 슬라이드 수'와 인쇄 '순서'를 선택하면 원하는 페이지 수대로 유인물을 인쇄를 할 수 있다. '용지에 맞게 크기 조정'과 '슬라이드 테두리'를 체크한 후, 확인 버튼을 누르면 용지 크기에 알맞은 유인물이 출력된다.

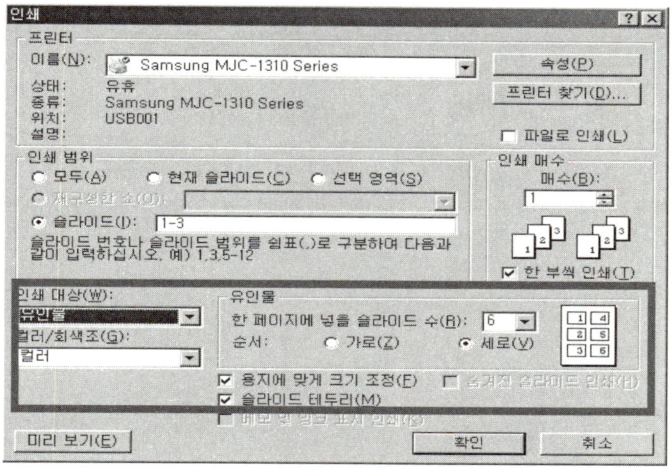

[그림 5-21] 파워포인트 인쇄 작업 창

2) 제작된 학습 자료

학습 자료는 학습자의 자기 주도적 학습이나 조별 발표를 할 때, 학습자가 사용하는 자료로서 학습자 수준에 적절하게 구성되어야 한다.

- 이미 계획된 수업 계획서에 의해 구성된 핵심 단원이다.
- 정보의 마술사라는 핵심 단원은 포괄적이고 융통적인 어휘를 포함하고 있다.

[그림 5-22] 정보의 마술사 ①

- 수업 계획서의 기본 단원에 해당한다.
- 컴퓨터 마술이 어떻게 가능한지를 문제 제기함으로써, 핵심 단원에 기초한 심화 단원을 미리 제시하고 있다.

[그림 5-23] 정보의 마술사 ②

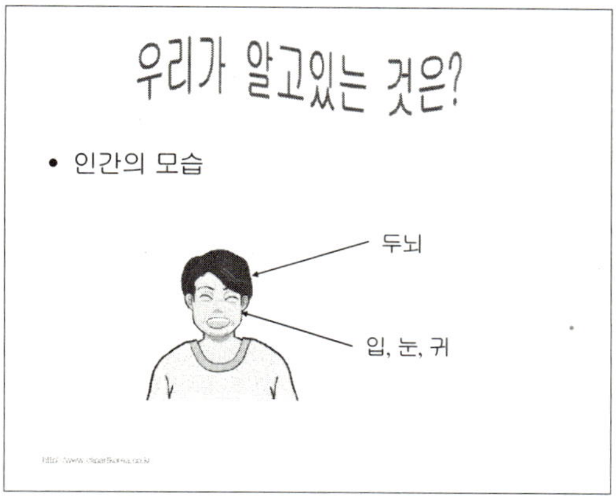

• 심화 단원에서 컴퓨터 구조와 유사한 인간의 모습을 통해 선수학습을 확인한다.

• 심화 단원에서는 구체적인 학습 내용의 제시보다는 학습하려는 단원과 유사한 학습 내용을 미리 제시하는 것이 바람직하다.

[그림 5-24] 정보의 마술사 ③

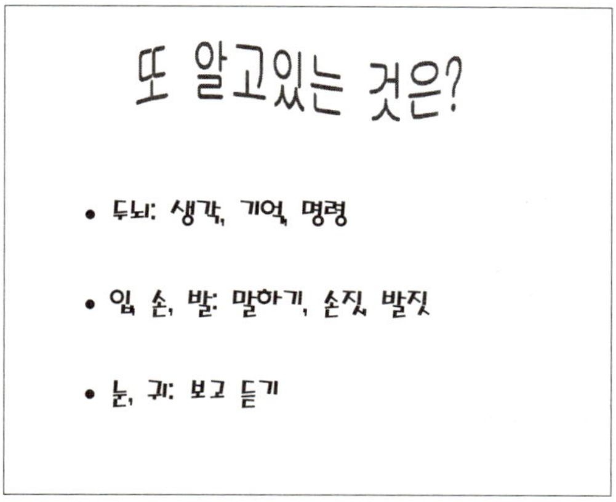

• 좀더 심화된 단계로서, 인간의 모습 가운데 각각의 기능을 생각해 보게 한다.

• 화려한 그림의 제시보다는 간단한 문자를 사용해 제시하는 것도 좋은 방법이다.

[그림 5-25] 정보의 마술사 ④

• 학습 목표에 해당하는 컴퓨터를 해부하여 각각의 구조를 보여준다.

• 컴퓨터 구조와 함께 기능을 설명하고, 그림과 실물을 통해 학습자가 직접 확인할 수 있도록 한다.

[그림 5-26] 정보의 마술사 ⑤[5)]

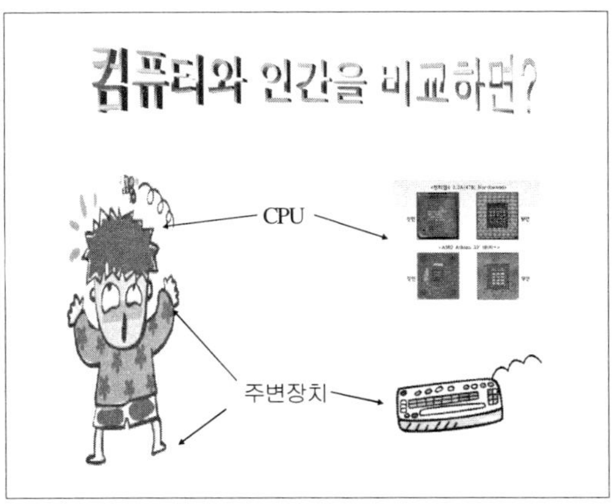

• 선수학습에서 제시된 인간의 모습과 컴퓨터의 구조를 서로 비교하여 정리하도록 한다.

• 신체구조 및 기능을 컴퓨터의 기능과 연결시켜 이해하도록 한다.

[그림 5-27] 정보의 마술사 ⑥[6)]

5) 사진 자료 Site URL: http://www.intel.com/

6) 사진 자료 Site URL: http://web.edunet4u.net/~jaehyunk/chart.htm

(2) 홍보물 제작

퍼블리셔(Publisher)를 활용하면 학습자 뿐 아니라, 교수자도 손쉽게 회보나 소식지와 같은 홍보물을 제작할 수 있다. 마이크로소프트사(MS)의 office 응용 프로그램은 패키지로 되어있기 때문에 프로그램을 설치할 때, 퍼블리셔 프로그램을 선택한 후 설치하면 된다. 기존의 파워포인트나 포토샵과 비슷한 기능과 도구를 지니고 있기 때문에 마우스를 사용하여 손쉽게 사용할 수 있다. 퍼블리셔는 학교 신문 발행이나 전단지, 광고지, 초청장 등 외부에 사용될 발행물을 제작하는데 매우 효과적이다. 교수자는 제작되는 발행물이 화려하게 만들기 보다는 제작물에 사용되는 언어와 내용이 학습자에게 적절하도록 지도해야한다.

퍼블리셔 프로그램을 열면 새 창이 열리는데 메뉴 표시줄에서 '보기' - 작업 창' 을 누르거나 Ctrl + F1 키를 누르면, 화면의 왼쪽에 작업 창이 보인다. 작업 창에는 17개의 하위 메뉴가 있으며, 이 가운데 '발행물 디자인'을 선택하여 누르면 이미 제작된 여러 개의 디자인을 볼 수 있다. 필요한 디자인을 선택하고 난후, 작업 창에서 '즉석 발행물 옵션'을 선택하면 제목과 내용의 작성 위치를 지정할 수 있다. 대부분의 퍼블리셔 작업은 작업 창에서 이루어지며, 화면 왼쪽에 있는 12개의 그리기 도구 상자를 이용해 필요한 선이나 화살표 타원 등을 그릴 수 있으며, 텍스트 상자를 사용해 문자를 작성할 수 있다([그림 5-28] 참조).

한편, 작업 창에서 '새 발행물'을 선택하면 '인쇄용 발행물, 웹 사이트와 전자 메일, 디자인 모음, 새 발행물' 등 네 종류의 하위메뉴가 보이는데, 이 가운데 '인쇄용 발행물'을 클릭하면 회보, 봉투, 명함, 달력, 레이블 등 다양한 종류의 문서 양식과 서식을 활용할 수 있다([그림 5-29] 참조).

따라서 퍼블리셔의 활용은 작업자가 화면의 왼쪽에 있는 작업 창과 그리기 도구 상자를 얼마나 잘 활용하는가에 따라 훌륭한 서식이나 문서를 제작할 수 있다.

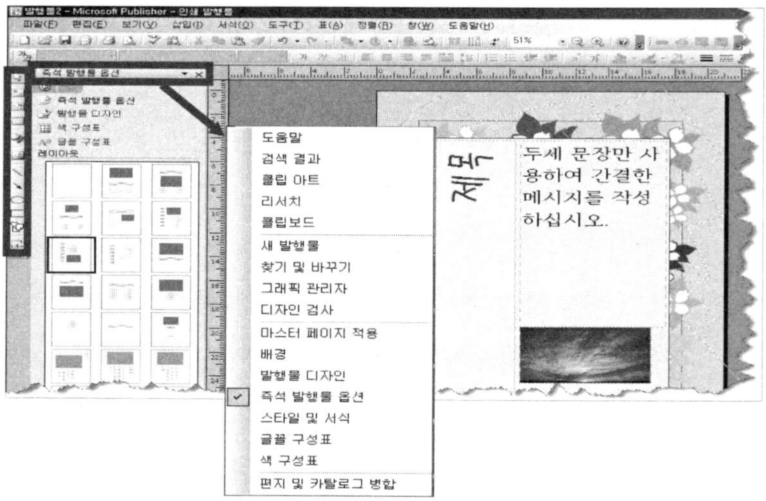

[그림 5-28] 작업 창 및 그리기 도구 상자

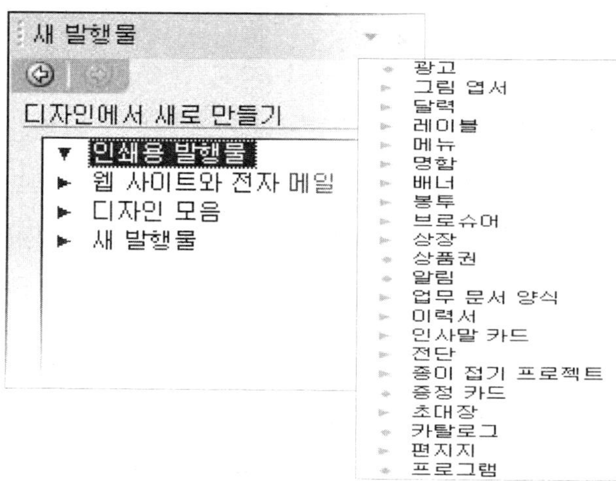

[그림 5-29] 인쇄용 발행물 과 하위 메뉴

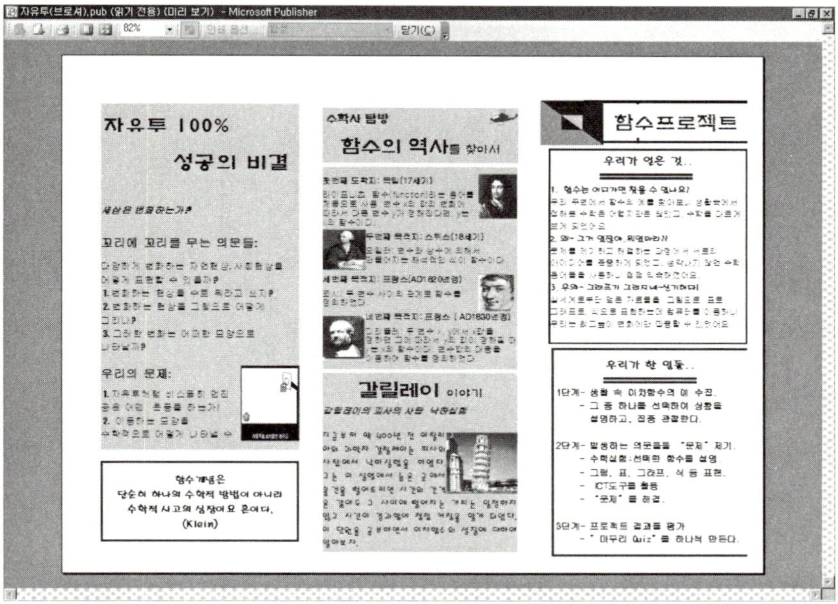

[그림 5-30] 퍼블리셔를 활용한 홍보물의 예 ① (정진자 作)

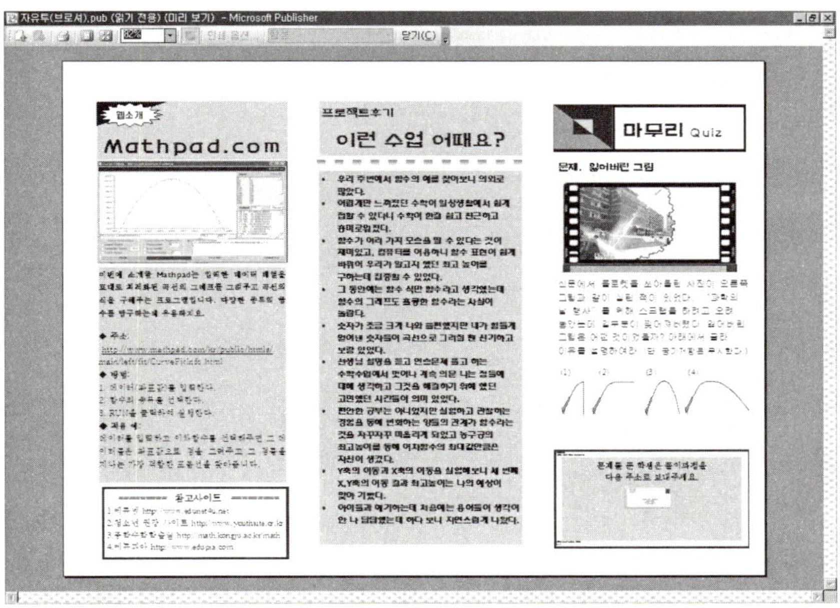

[그림 5-31] 퍼블리셔를 활용한 홍보물의 예 ② (정진자 作)

(3) 홈페이지 제작

홈페이지 제작은 퍼블리셔를 사용하면 매우 편리하다.

작업 창에서 '새 발행물'을 선택한 후, '웹 사이트와 전자 메일' 메뉴에서 '웹 사이트'를 누르면 화면의 오른쪽에 여러 종류의 웹 사이트 작성기가 보인다. 이때 작업 창의 '웹 사이트' 메뉴에서 '간단한 웹 사이트 작성기'를 누르면 한 페이지의 웹이 작성된다([그림 5-32] 참조). 그러나 작업 창에서 '웹 사이트 옵션'을 선택한 후, 하단에 보이는 '웹 사이트에 추가 - 페이지 삽입' 을 누르거나 상단의 메뉴 표시줄에서 '삽입 - 페이지'를 눌러서 원하는 디자인으로 계속 페이지를 추가할 수 있다.

화면 배경에 음악을 삽입하려면 작업 창에서 '배경'을 선택한 후, 하단의 '배경 소리...'를 누르면 '웹 페이지 옵션' 창이 열리는데, 여기서 하단에 있는 '배경 소리' 옆의 '찾아보기' 버튼을 눌러서 필요한 음악 파일을 선택한 후, '확인' 버튼을 누르면 된다. 단, '무한 반복'을 선택하면 배경 음악이 계속 실행되지만, 반복 횟수를 선택한 후 횟수를 지정하면, 지정된 횟수만큼 배경 음악이 실행된다([그림 5-33] 참조).

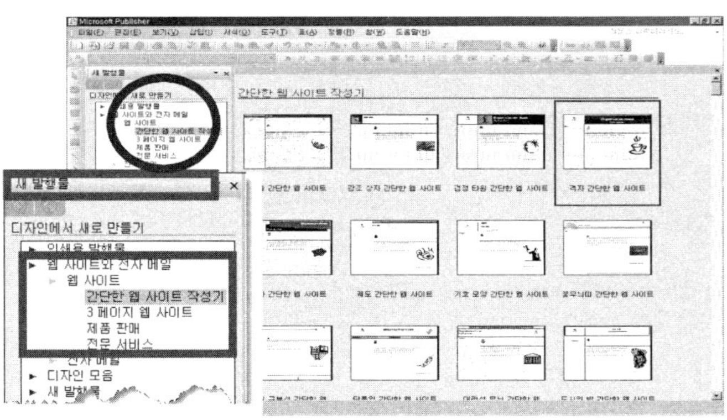

[그림 5-32] 새 발행물 과 웹 사이트 작성기

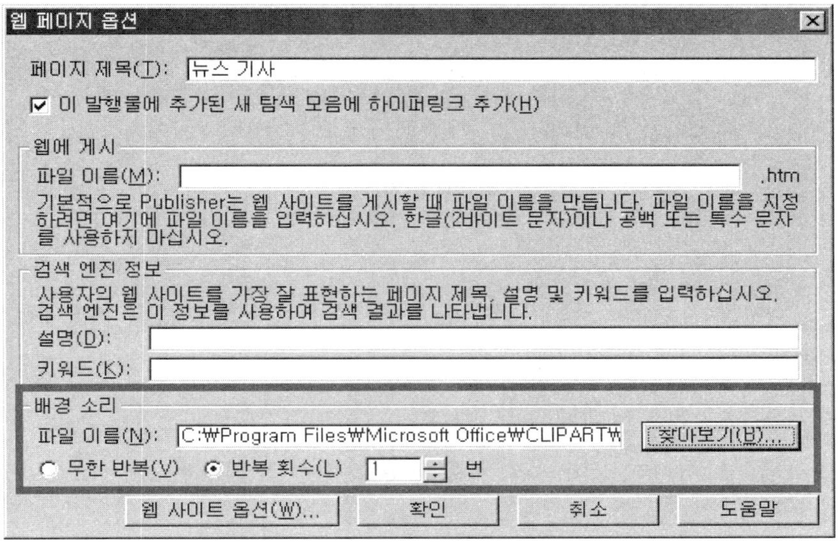

[그림 5-33] **웹 페이지 옵션 창에서 배경음악 넣기**

그림이나 클립아트를 화면에 삽입하고자 하는 경우에는 왼쪽의 그리기 도구 상자에서 그림 프레임( )을 선택하거나, 화면 상단의 메뉴 표시줄에서 '삽입 - 그림'을 선택한 후, 필요한 파일을 찾아서 누르면 된다.

이미 선택된 웹 페이지의 크기를 변경하려면, 메뉴 표시줄에서 '파일 - 페이지 설정'을 누르면 된다. 여기서 사용자 지정은 학습자가 원하는 크기로 변경 가능하지만, 웹 페이지를 누르면 표준 크기(800 × 600)와 좁게 (640 × 480)의 두 가지 크기가 제시된다.

페이지의 수정을 위해서는 화면 하단에 있는 페이지 표시 버튼(1 2 3)을 눌러서 원하는 페이지로 이동한 후, 제목이나 내용을 변경하면 된다.

한편, 링크는 핫 스폿(hot spot)이나 하이퍼링크(hyperlink) 삽입 아이콘을 사용하면 편리하다. 화면 왼쪽의 그리기 도구 상자에 있는 핫 스폿 버튼( )은 화면에 있는 객체가 아니라, 일정한 지역을 지정하여 지정된 위치에서만 연결되도록 한다. 따라서 핫 스폿 버튼을 먼저 선택하면 마우스의 모양이 십자(+) 모양이 되는데, 이때 오른쪽 버튼을 눌러서 필요한 위치만큼 잡아당기면 된다. 그러나 하이퍼링크 삽입 버튼( )은 객체를 선택할 때만 활성화되기 때문에, 먼저 연결하고자 하는 객체를 마우스로 선택한 후, 나타나는 하이퍼링크 삽입 창 아래에 있는 주소에 웹 사이트 URL이나 파일의 위치를 지정해주면 된다.

지금까지 제작한 웹 사이트를 미리 보기 위해서는 화면 왼쪽의 작업 창에서 '웹 사이트 옵션' 하단에 있는 '웹 사이트에 추가'에서 '웹 사이트 미리 보기...'를 선택하거나 메뉴 표시줄에서 '파일 - 웹 페이지 미리 보기'를 선택하면 된다.

웹 사이트 제작이 완료되면 파일을 저장하게 된다. 특히, 제작 도중 실수로 인해 파일이 삭제되는 것을 방지하기 위해서는 저장 버튼( )을 이용하여 수시로 작업 파일을 저장해야한다. 파일은 여러 가지 형식으로 저장이 가능하지만, 여기서는 널리 활용되는 퍼블리셔 파일 저장과 웹 페이지 저장 방법에 대해 살펴보고자 한다. 두 가지 방법 모두 저장을 위해서는 메뉴 표시줄에서 '파일 - 다른 이름으로 저장'을 선택한 후, 열리는 '웹 페이지로 저장' 창에서 파일의 저장 위치와 파일 이름을 지정하면 된다. 다만, 퍼블리셔 파일 저장을 위해서는 창의 하단에 있는 파일 형식에서 [Publisher 파일 (*.pub)] 을 선택하고, 웹 페이지 저장을 위해서는 [웹 페이지 (*.htm;*.html)]

을 누르면 된다. 저장이 되고 난 후 퍼블리셔 파일은 1개의 파일 아이콘이 생성되지만, 웹 페이지 저장 파일은 2개의 아이콘이 자동으로 생성된다. 따라서 퍼블리셔 파일은 제작물의 수정이나 편집 · 가공을 위해서 필요하지만, 웹 페이지 파일은 저장 이후에는 수정이나 편집이 어렵기 때문에, 미리 퍼블리셔 파일로 저장을 해두어야 한다([그림 5-34] 참조).

[그림 5-34] 퍼블리셔 파일(왼)과 웹 페이지 파일(오)의 저장

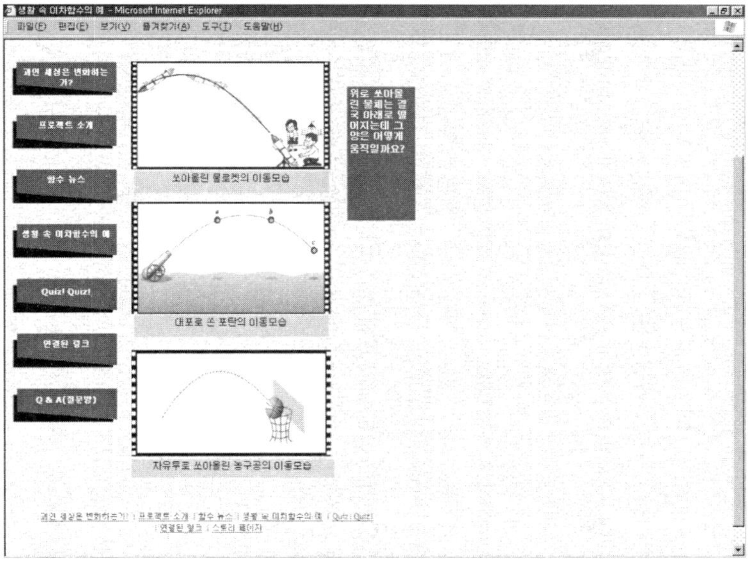

[그림 5-35] 퍼블리셔를 활용한 웹 자료의 예 ① (정진자 作)

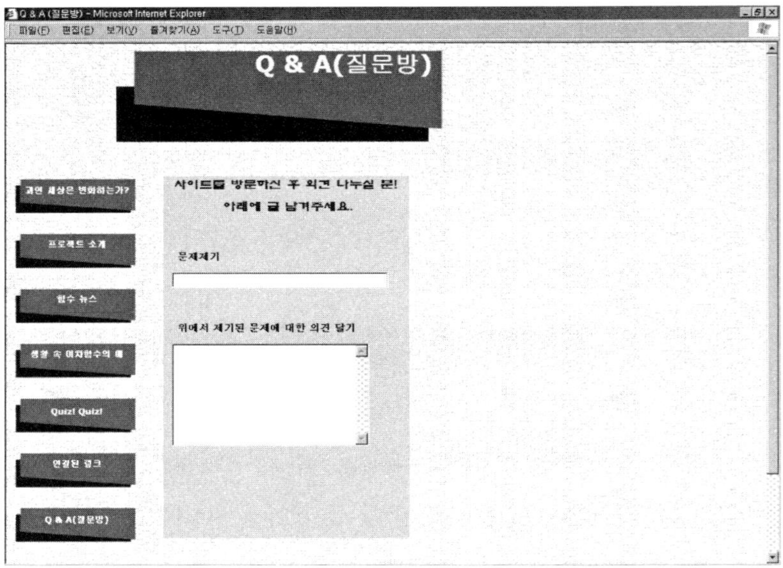

[그림 5-36] 퍼블리셔를 활용한 웹 자료의 예 ②[7] (정진자 作)

7) 화면에서 학습자가 글자를 써 넣을 수 있도록 하기 위해서는 화면 왼쪽에 있는 그리기 도구 상자에서 양식 버튼을 누르면 다양한 형태의 양식과 버튼을 만들 수 있다.

2. 교수자 자료 제작

목적의 문제		방법의 문제		시기의 문제
소개하기	계획 세우기	학습자 자료 제작	교수자 자료 제작	정리 및 평가하기
* 인사 나누기 * 주제 선정하기 * 자료 탐색하기	* 수업 계획 세우기 * 조별 활동 계획 세우기	* 학습 자료 제작 * 홍보물 제작 * 홈페이지 제작	* 강의 자료 제작 * 안내문 제작 * 홈페이지 제작	* 자료 정리하기 * 발표하기 * 평가하기
* 학습 설계서 작성	* 수업 계획서 작성	* 프리젠테이션 * 퍼블리셔 사용 * 웹 자료 제작	* 강의 자료 * 안내문 * 홈페이지	* 아이디어 제공 * 정보나누기 * 수정 및 보완

교수자 자료는 교사가 학습자나 학부모에게 학습에 관련된 내용을 안내하거나 제시하기 위한 자료이다. 따라서 수업 중에 학습자에게 제시할 강의 자료, 학습자나 학부모에게 안내할 안내문, 또는 학습 자료를 홈페이지에 올리기 위해 제작하는 홈페이지 자료 등이 모두 교수자 자료에 포함된다.

(1) 강의 자료 제작

교수자가 수업에 활용하기 위한 강의 자료는 ICT를 수업 활동에 적용함으로써 제한된 학습 공간을 탈피하여 시간과 공간에 구애받지 않는 학습 환경을 제공할 수 있다. 따라서 학습자의 결석이나 교수자의 출장 등으로 인해 발생하는 수업 결손을 보충하거나, 학습자들이 학습한 내용을 다시 복습하고자 할 때 사용될 수 있다. 이와 함께 교수자가 수업 시간에 새로운 단원을 학습자들에게 소개하거나 앞으로 학습해 나갈 방향이나 준비물, 학부모 모임 활동 등 여러 가지 측면에서 학습 활동의 지원이 가능하다.

강의 자료를 제작하기 위해서는 이전에 작성한 수업 계획서를 토대로 다음과 같은 몇 가지 사항을 고려해야한다.

첫째, 단원 설정의 목적과 이유이다. 이는 설정한 단원에서 배워야 할 내용이 무엇이며, 왜 배워야 하는지를 학습자들에게 알려주어 지적 호기심과 함께 자신감을 미리 갖도록 한다.

둘째, 이해하기 어려운 새로운 단어나 개념들은 설명을 함께 제시하는 것이 바람직하다. 또한, 가르치는 단원이나 학습 내용에 관련된 학습 사이트와 자료를 화면에 링크하여 제시함으로써 학습자에게 풍부한 지적 자료를 제공해야 한다.

셋째, 학습자들이 적극적인 참여를 할 수 있도록 자신들이 제작한 사진이나 그림, 애니메이션 자료 등을 제시하는 것이 좋다. 이때, 자료들이 인용된 출처와 참고 문헌을 밝힘으로써 저작권법에 저촉되지 않도록 사전 지도가 필요하다.

가장 우수한 강의 자료는 학습 내용을 학습자에게 전달하는 것이 아니라, 학습자의 학습 활동을 지원하고 촉진하는 자료이다. 여기서 교수자의 역할은 전달자가 아니라 안내자, 혹은 촉진자이다. 따라서 교수자가 학습자에게 단순히 학습 내용을 제시하기 보다는, 학습자들로 하여금 의문을 품고 깊이 생각하고 질문하게 함으로써 창의력을 증진시키는 지도 방법이 필요하다.

다음은 학습자의 사고를 촉진하기 위해 제작된 강의 자료의 예이다.

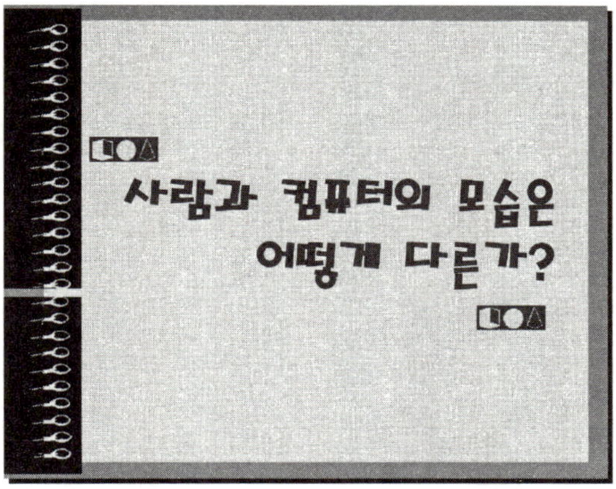

• 사람의 모습이 어떻게 생겼는지 학습자에게 물어본다.

• 그렇다면 사람의 모습과 컴퓨터의 모습이 어떻게 다른지 비교해 보도록 한다.

[그림 5-37] 강의 자료의 예시 ①

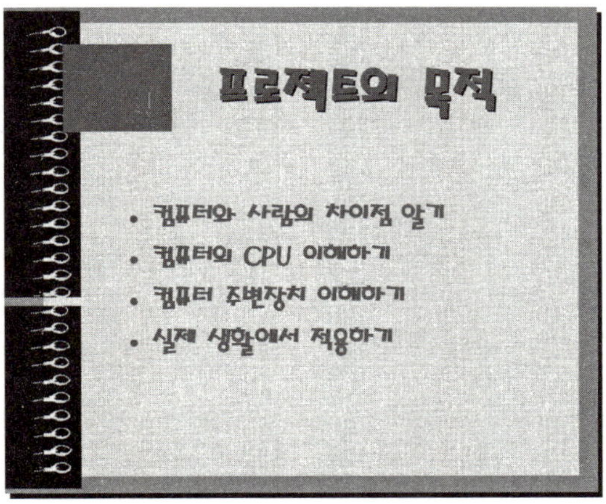

• 학습 목표와 함께 단원을 통해 학습 할 내용을 미리 제시한다.

• 단순히 이해하는 정도로 그치는 것이 아니라 실생활에 활용해 볼 수 있도록 제시한다.

[그림 5-38] 강의 자료의 예시 ②

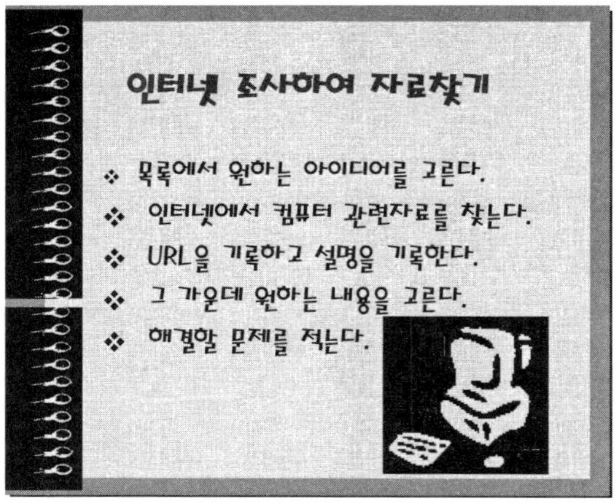

- 자료를 찾는 방법을 구체적으로 알려준다.
- 조사하여 찾은 자료와 함께 기록 방법과 문제점을 함께 적도록 한다.

[그림 5-39] 강의 자료의 예시 ③

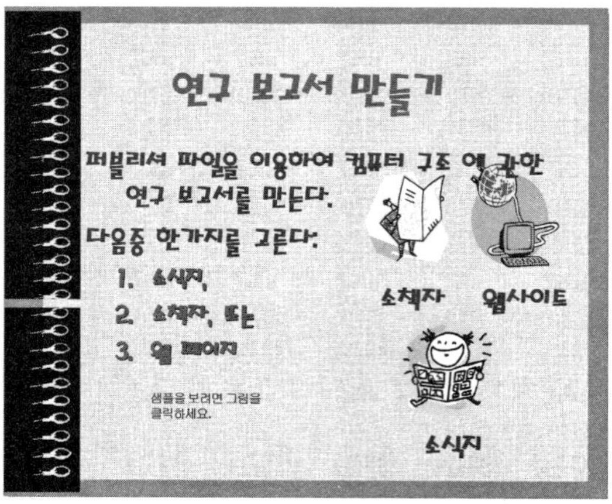

- 연구 보고서 작성 방법을 안내한다.
- 보고서 작성을 위한 여러 가지 형식의 샘플을 미리 보여줌으로써 자신감을 갖게 한다.

[그림 5-40] 강의 자료의 예시 ④

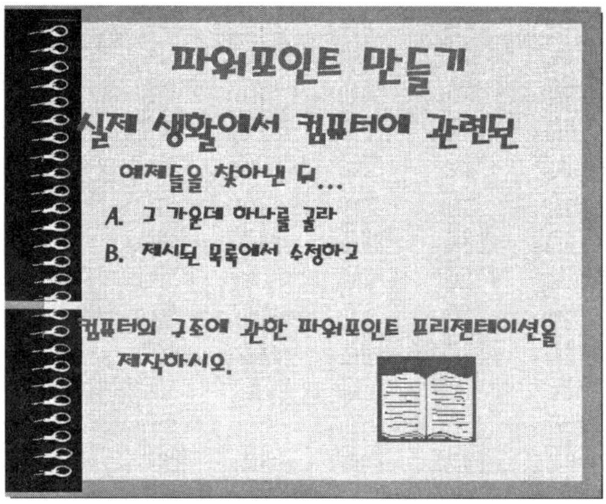

- 파워포인트 작성을 위해 학습자가 실행하게 되는 순서를 제시하였다.
- 학습자에게 선택의 기회를 제공함으로써 다양하고 창의적인 학습 자료가 제작될 수 있다.

[그림 5-41] 강의 자료의 예시 ⑤

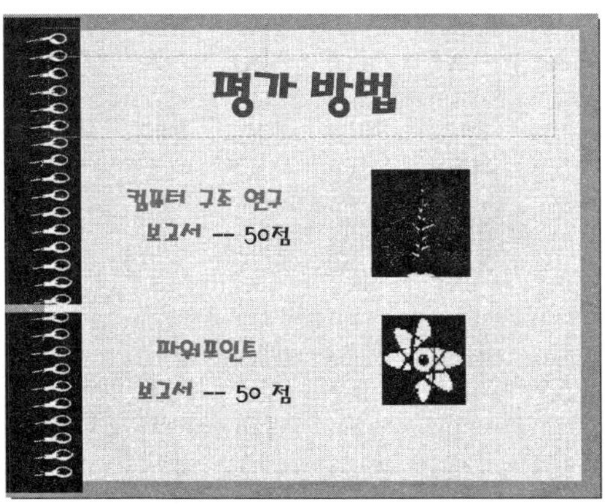

- 평가 기준의 제시는 학습자에게 학습 목표를 쉽게 도달할 수 있도록 제공한다.
- 구체적인 평가 방법은 교수자가 직접 설명하거나 추가로 안내한다.

[그림 5-42] 강의 자료의 예시 ⑥

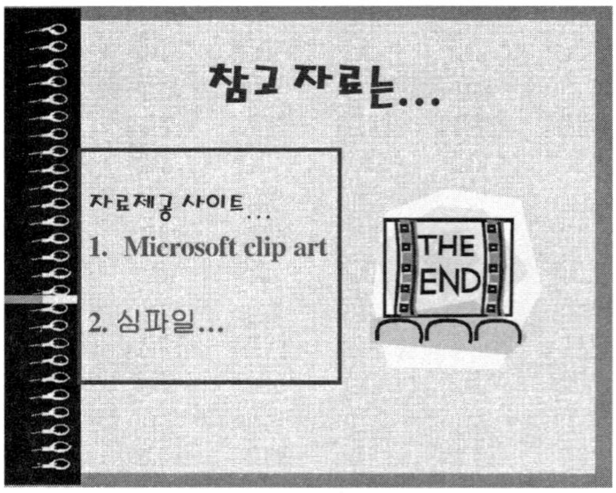

• 참고 자료를 제시하여 학습자가 좀더 자세하게 학습하도록 안내한다.

• 저작권 관련법에 저촉되지 않도록 미리 학습자에게 안내한다.

[그림 5-43] 강의 자료의 예시 ⑦

(2) 안내문 제작

안내문은 교수자가 학습자나 학부모에게 학습 진행 상태나 과제를 안내 할 목적으로 제작하는 모든 저작물을 뜻한다. 이러한 자료의 제작은 파워포인트 뿐만 아니라, 퍼블리셔나 워드 문서를 활용해도 무방하다.

안내문에는 단원 소개와 함께 미리 학습해야하는 예정 단원, 마치는 시기, 활용 자료, 평가 도구 및 과제를 진행하는 일정, 행사관련 안내문이나 작품 및 멀티미디어 자료 등이 모두 포함될 수 있다.

다음은 수업 진행과 장비 사용에 관한 안내문과 수업 신청서를 작성한 예이다.

<표 5-2> 수업 진행 안내문의 예

단원 진행 전 해야 할 일은?	일정
• 교사가 제작한 자료 발표 • 학급 조 편성하기	1일
단원 진행 중 해야 할 일은?	
• 조별로 주제 선정하기 • 조별 역할 정하기 : 발표자, 기록자, 내용 전문가, 제작자 • 조별 일정 짜기 : 언제까지 마감할 것인지?	2일
• 자료 수집하기 : 즐겨찾기에 관련 사이트 등록 • 자료들을 구성할 아이디어 회의	3일
• 자료들과 학습 내용들을 연결하여 재구성 : 자료 제작하기	4일
단원 진행 후 해야 할 일은?	
• 조별 프로젝트 발표 및 평가 • 학생들에게 상장 수여 • 학생 분석 또는 개념에 대한 향후 학생들의 지속적인 이해에 필요한 질문 챙기기 • 다음 단원에 효과적으로 기술을 통합할 수 있는 방안 마련	5일

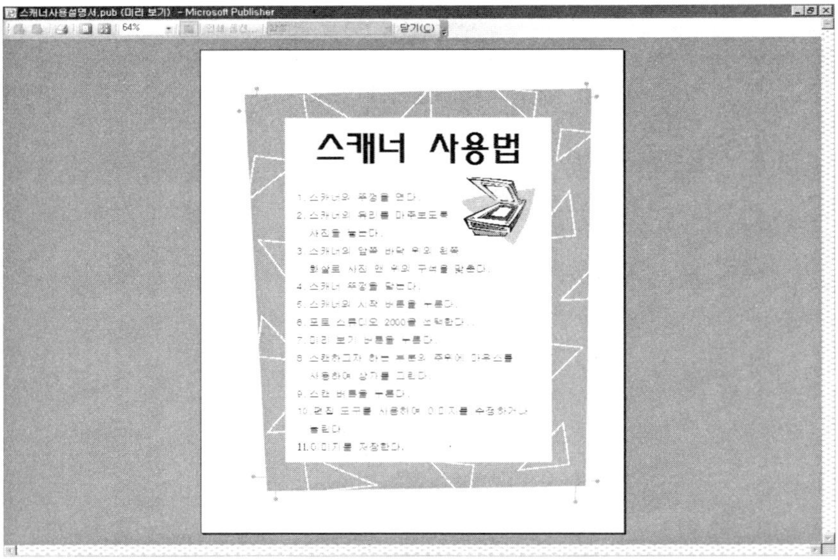

[그림 5-44] 장비 사용 안내문의 예 (퍼블리셔 사용)

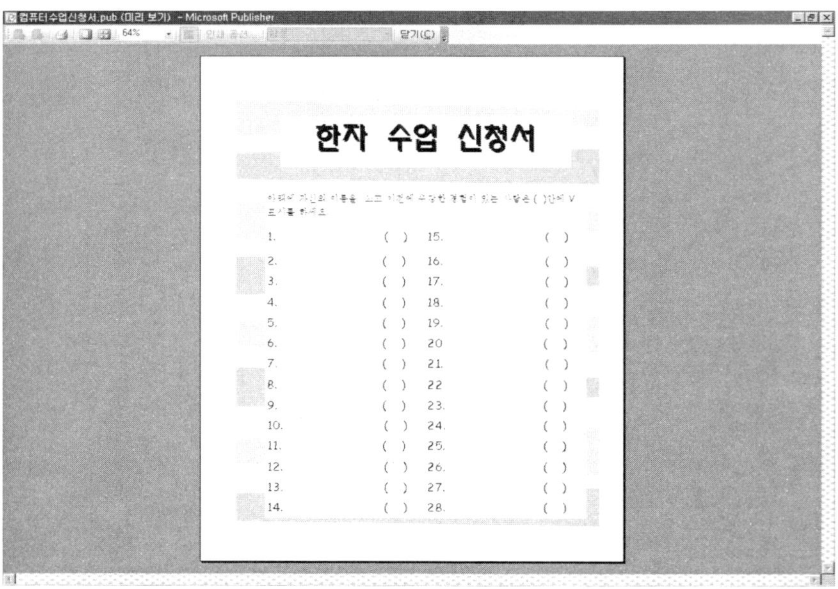

[그림 5-45] 수업 신청서의 예 (퍼블리셔 사용)

(3) 홈페이지 제작

교수자가 홈페이지를 제작하려는 목적은 시간 및 공간적으로 제한된 학습 환경을 벗어나 웹을 통해 언제든지 학습자에게 학습에 관련된 정보를 제공하며, 나아가 학습 공동체를 구성함으로써 교수자와 학습자 사이에 상호작용을 지원하려는데 있다. 따라서 교수자를 위한 홈페이지는 이러한 목적 달성을 위해 계획되어야 하기 때문에 기존의 강의자료와는 구별되어야 하며, 또한 학습자가 사용하는 홈페이지와는 분명히 다르게 설계해야 한다. 이를 위해 교수자용 홈페이지에는 면대 면 수업에서 사용할 수 있는 안내문이나 강의자료 뿐 아니라, 학습 일정에 관한 마감 시한이나 평가도구, 평가 기준도 함께 제시될 필요가 있다. 아울러 학습자들이 과제를 수행한 결과물이나 사진, 그림 자료 등을 탑재할 수 있도록 학습자에게 권한을 부여할 뿐 아니라 현재의 학습 일정을 안내하는 기능도 제시되어야 한다. 남정권(2005)은 특히, 웹 기반 학습 환경에서는 학습자 스스로 계획을 세우고 실행해 나가는 자기조절학습이 중요하다고 강조하였으며, 이를 지원하기 위해서는 집단 유형(개인학습, 협력학습)과 과제 유형(개념이해, 지식적용)에 따라 각각 다르게 설계되어야 한다고 주장한바 있다.

다음 그림은 교수자료의 예시와 함께 각각의 특징을 설명한 것이다.

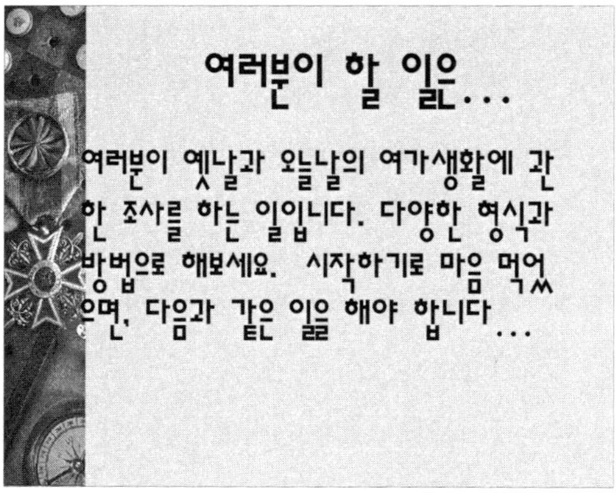

• 파워포인트를 사용한 교수자료이다. 텍스트로 간단하게 제시했으나, 학습자가 무엇을 학습해야 하는지를 명확하게 제시하고 있다.

[그림 5-46] 교수 자료의 예시 ① (권미란 作)

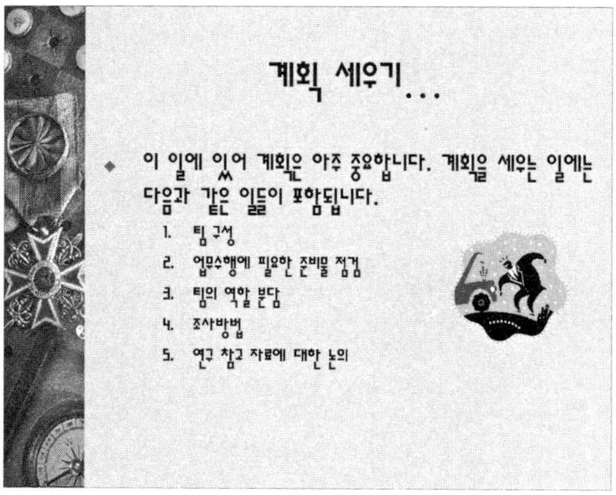

• 학습자가 조별로 무엇에 관한 계획을 세울 것인가를 구체적으로 제시하고 있다. 이러한 구체적인 제시는 학습자들의 학습 활동을 활발하게 촉진시켜줄 수 있다.

[그림 5-47] 교수 자료의 예시 ② (권미란 作)

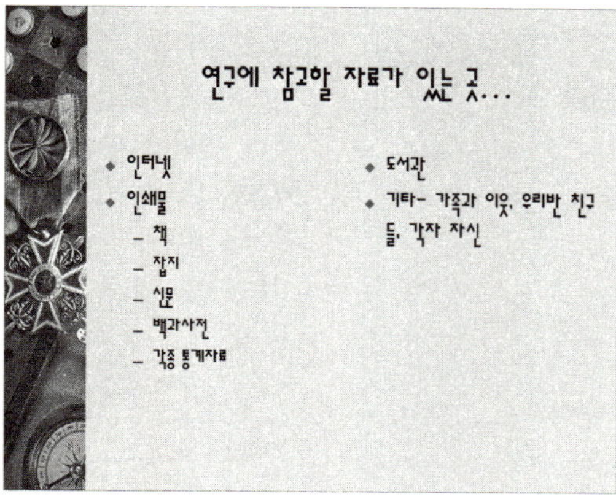

• 학습자들이 어떻게 자료를 수집하고 어디서 정보를 참고할 것인가를 소개하고 있다. 다만, 웹 사이트의 경우에는 URL을 직접 제시하여, 학습자가 인터넷을 탐색해 볼 수 있도록 안내하는 것이 좋을 것이다.

[그림 5-48] 교수 자료의 예시 ③ (권미란 作)

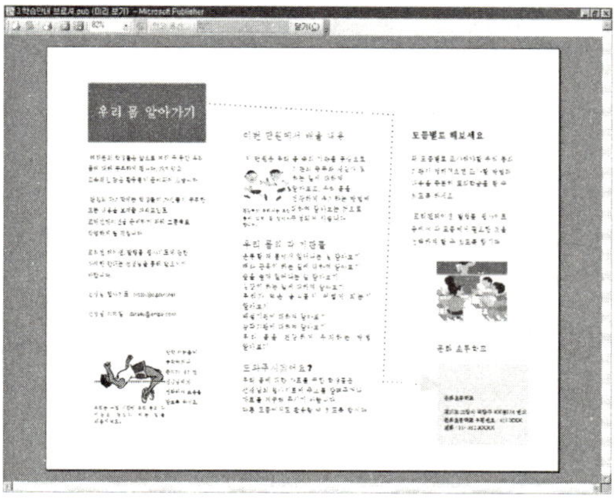

• 퍼블리셔를 활용하여 작성한 교수자료이다. 배울 내용, 도와주시겠어요, 조별 활동, 학습 사이트 등이 간단하게 구체적으로 안내되어 있다.

[그림 5-49] 교수 자료의 예시 (장준형 作)

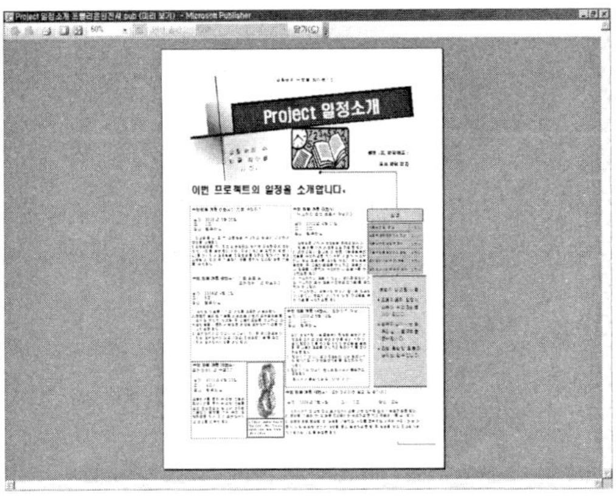

• 퍼블리셔로 작성한 프로젝트 일정에 관한 안내 자료이다. 수업 차시와 단계에 따라 날짜, 수업 시간, 장소, 학습자가 해야 할 활동 내용이 자세하게 설명되어있다.

[그림 5-50] 교수 자료의 예시 (윤원진 作)

제6장 시기(When)의 문제 해결하기

목적의 문제		방법의 문제		시기의 문제
소개하기	계획 세우기	학습자 자료 제작	교수자 자료 제작	정리 및 평가하기
* 인사 나누기 * 주제 선정하기 * 자료 탐색하기	* 수업 계획 세우기 * 조별 활동 계획 세우기	* 학습 자료 제작 * 홍보물 제작 * 홈페이지 제작	* 강의 자료 제작 * 안내문 제작 * 홈페이지 제작	* 자료 정리하기 * 발표하기 * 평가하기
* 학습 설계서 작성	* 수업 계획서 작성	* 프리젠테이션 * 퍼블리셔 사용 * 웹 자료 제작	* 강의 자료 * 안내문 * 홈페이지	* 아이디어제공 * 정보나누기 * 수정 및 보완

이 과정에서는 지금까지 작성하거나 제작한 교수·학습 자료들을 쉽게 찾아볼 수 있도록 정리하고 또한, 계획 단계에서 작성된 수업 계획서의 목적에 알맞게 진행되어왔는지를 성찰해보아야 한다. 이 과정에서는 제작된 자료의 평가와 함께 개선을 위해 다른 사람의 의견을 얻는 기회가 제공되어야 한다. 따라서 지금까지 제작한 자료를 다른 사람 앞에서 발표해 봄으로써 학습자나 교수자 자신뿐 아니라 다른 사람의 의견을 들을 수 있으며, 나아가 보다 우수한 프로젝트 수업을 위한 개선의 기회가 될 것이다.

1. 정리하기

(1) 자료 정리하기

지금까지 모든 과정에서 제작된 자료들은 폴더를 만들어 체계적으로 정리해두는 것이 좋은 방법이다. 이러한 정리 과정은 이후에 필요한 자료를 손쉽게 찾아 볼 수 있으며, 정리하는 과정을 통해 프로젝트 과정을 점검하고 수업에 대한 이해가 명료해지기 때문이다. 폴더의 명칭은 학습자가 편리한 대로 부여하되 쉽게 구별될 수 있도록 표현하며, 폴더는 구조화시켜 자료를 쉽게 찾아볼 수 있도록 구성하는 것이 바람직하다.

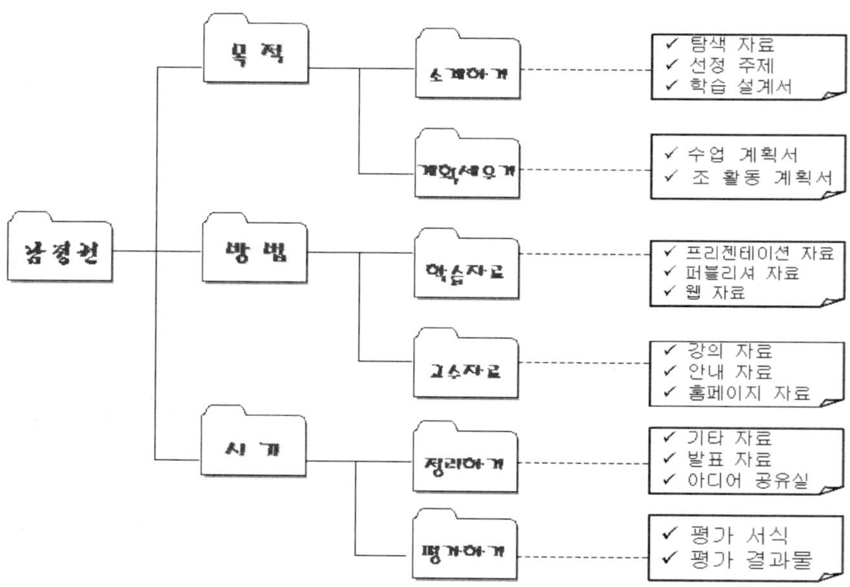

[그림 6-1] 자료 정리 폴더의 예

제작이 완료된 자료들은 각각의 폴더에 정리한 후, 학습자 이름이 적혀있는 최종 폴더에 옮겨 정리한다. 그러나 폴더의 용량이 너무 큰 경우에는 파일들이 저장되지 않기 때문에, CD-ROM 디스크나 USB와 같은 보조 기억장치를 사용해야한다. 최근에는 대용량의 이동식 하드 디스크 출시와 함께 인터넷에서 웹 하드의 제공으로 인해 대용량 파일을 자유롭게 저장할 수 있다.

일반적으로 대용량 파일은 CD-ROM 디스크에 저장하여 보관하는 것이 안정적이며, 널리 사용되기 때문에 Nero 5.5 버전을 중심으로 CD-ROM 디스크 저장 방법을 소개하기로 한다.

우선 파일이나 폴더를 CD-ROM 디스크에 저장하기 위해서는 컴퓨터에 저장 프로그램을 설치해야한다. 설치를 하려면 '시작 - 실행' 버튼을 누른 후, 실행 창에서 '찾아보기' 버튼을 누른 다음, 프로그램 CD가 저장된 드라이브를 선택하여 'Setup.exe' 파일을 찾아 마우스의 왼쪽 단추를 두 번 누르면 실행된다. 그러나 대부분의 실행 프로그램은 자동으로 실행되는 기능이 있기 때문에, CD 드라이브에 프로그램이 들어있는 CD만 넣어두면 자동으로 프로그램이 설치된다.

프로그램이 컴퓨터에 설치되고 나면, 파일이나 폴더를 새로운 CD-ROM 디스크에 저장할 수 있다. 그러나 대부분의 CD-ROM 디스크는 한번 저장만 가능(Read Only Memory)하지만, 만일 한 장의 CD-ROM 디스크를 재생하면서 여러 번 저장하려면, 디스크 표면에 '기록가능(recordable)'이라고 쓰여진 CD-ROM 디스크를 구입하면 된다.

파일이나 폴더를 저장하기 위해서는 전혀 사용하지 않은 새것의 CD-ROM 디스크를 드라이버에 넣은 후, 컴퓨터 하단의 작업 표시줄에서 '시작 - 모든 프로그램 - ahead Nero - Nero Burning Rom'을 마우스로 선택한다. 잠시 기다리면 '새 컴파일' 창이 나타나는데, 자료나 폴더를 저장하려면 맨 왼쪽 상단에 있는 'CD-ROM...' 아이콘을 선택한 후, '굽기' 버튼을 누른다. 여기서 '쓰기'를 체크하고 나서 오른 쪽 상단에 있는 '새 작업' 버튼을 누른다([그림 6-2] 참조).

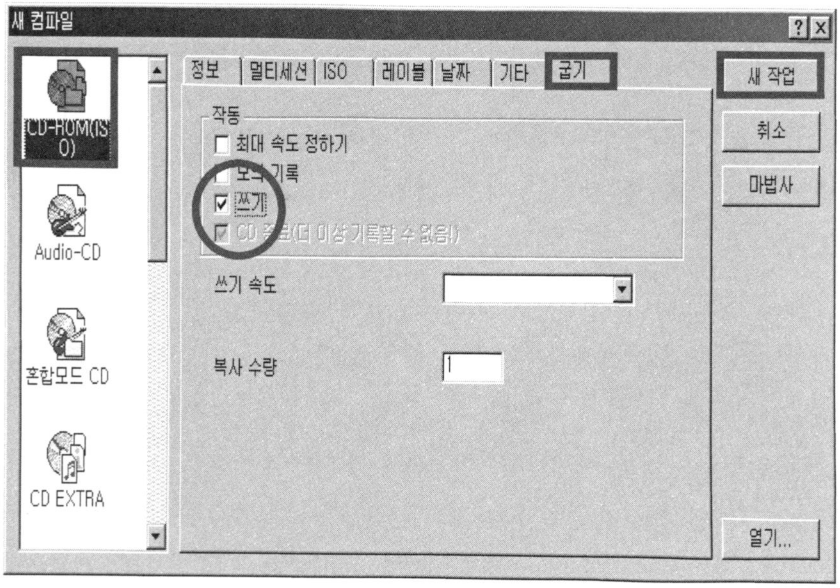

[그림 6-2] 새 컴파일 작업 창

굽기 창이 나타나면 화면의 오른쪽에 있는 저장 파일이나 폴더를 마우스로 선택한 후 화면 왼쪽으로 이동시킨다([그림 6-3] 참조). 이동이 끝난 후 상단의 도구 모음에서 CD쓰기 버튼()을 누른 다음, 'CD 쓰기' 창이 보이면 오른쪽 상단에 있는 '쓰기' 버튼을 눌러서 자료를 저장한다([그림 6-4] 참조).

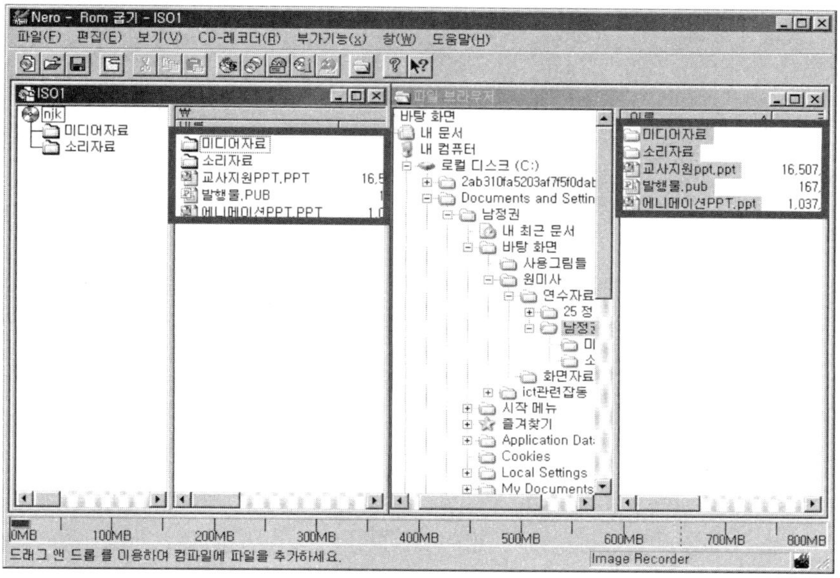

[그림 6-3] 굽기 창

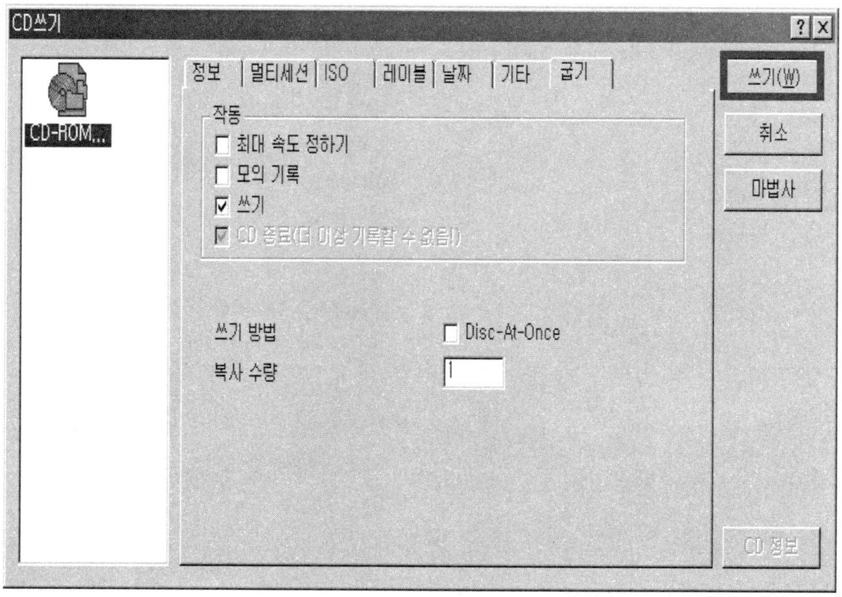

[그림 6-4] 쓰기 창

저장이 완료되면 저장이 완료되었다는 메시지가 표시된 '완료' 창이 나타나는데, 여기서 작업을 완료하려면 화면 하단 왼쪽의 '폐기' 버튼을 누르거나, 창 왼쪽 상단에 있는 닫기 버튼(X)을 누르면 작업이 종료된다.

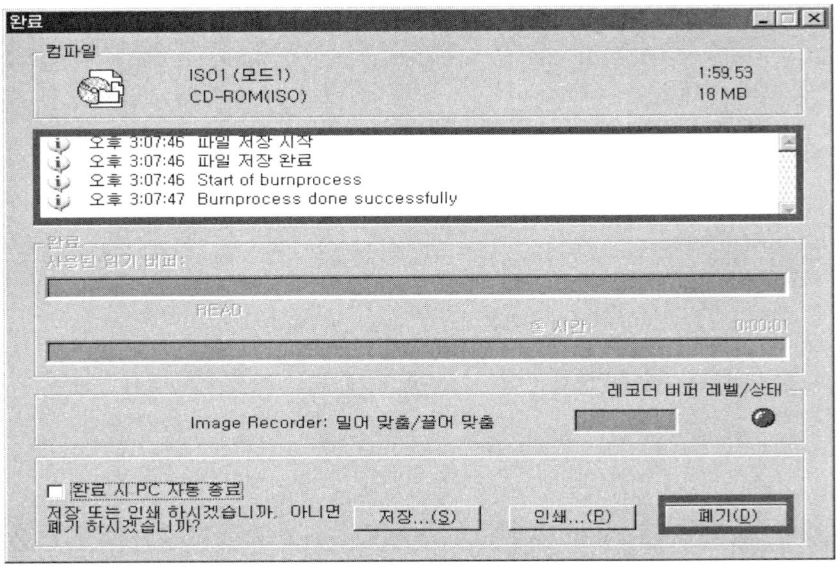

[그림 6-5] 작업 완료 창

(2) 발표하기

지금까지 제작된 자료를 발표하기 이전에 미리 조별로 모여서 의견을 나누는 것이 바람직하다. 이러한 조별 토론 과정은 조원들에게 새롭고 신선한 아이디어나 의견을 통하여, 발표 이전에 미리 자료를 개선하고 평가하기 위해 필요하다. 한편, 발표 이전에는 미리 주변 환경을 점검하여 발표 도중 장애가 발생하지 않도록 대비해야한다. 예를 들어, 빔 프로젝터가 설치되어 있는지, 화면 밝기는 적절한지, 사용하려는 응용 프로그램이 발표용 컴퓨터에 설치되어 있는지 등을 꼼꼼하게 점검할 필요가 있다.

발표에 앞서 필요한 유인물은 인쇄하여 미리 청중들에게 나누어 주고 발표하는 동안 청중들은 소감이나 평가내용을 적도록 한다. 또한, 정해진 발표 시간을 미리 알아두어 중요한 사항을 먼저 발표하되, 발표가 끝난 후에는 제작된 자료에 대해 청중들로부터 질문이나 피드백을 듣는 것이 중요하다.

발표 유형은 학습자 개인이 전체 학습자들 앞에서 발표하는 경우와 조별로 시간을 주어 특정 작품에 대해 토론한 후 대표자가 발표하는 경우, 또는 절반씩 나누어서 교대로 발표하는 방법 등 여러 가지가 있으나 학습 상황을 고려하여 가장 적절한 방법을 선택하면 될 것이다. 일반적으로 50분 수업을 기준으로 할 때, 개인 발표 시간은 약 5분 정도 주어지며, 조별이나 집단 발표의 경우에는 10분에서 20분 정도가 적합하다.

2. 평가하기

평가의 종류와 방법에는 여러 가지가 있지만 여기서는 학습자가 제작한 자료에 한정하여 평가를 언급하고자 한다. 프로젝트 수업을 위해서 학습자는 학습에 관련된 자료와 함께 홍보물, 홈페이지 등을 개인이나 조별로 제작해야 한다. 따라서 학습자들이 제작한 최종 제작물은 일정한 평가 기준을 정하여 비교함으로써, 질 좋은 제작물을 만들 수 있고 이미 만들어진 자료의 개선에 기여할 것이다. 평가 기준으로는 파워포인트 프로그램을 사용하여 제작한 프리젠테이션 제작물의 경우, 항목별로 4단계 평가함으로써, 학습자가 자신의 제작물에 대한 평가를 직접 확인할 수 있다(〈표 6-1〉 참조). 여기서 유의할 점은 제작물에 대한 평가 결과는 우열을 가리는 것이 아니라, 다음 학습 자료를 제작하는데 있어서 무엇이 부족하고 잘 되었는가를 성찰하는 의미에서 이루어진다는 것을 알려주어 학습자들이 좀 더 잘 할 수 있도록 격려해야 할 것이다.

퍼블리시를 활용한 홍보물 제작에 있어서는 설계 측면과 내용 측면 및 기능 측면의 세 가지 관점에서 기준을 설정하였다. 이러한 평가 기준의 설정은 퍼블리셔 프로그램을 사용한 홍보물이 얼마나 화려한가에 관점을 두고 제작하기 보다는, 청중들에게 얼마나 학습 내용을 제대로 표현하고 전달할 수 있는가가 더 중요하기 때문이다(〈표 6-2〉 참조).

홈페이지는 상호작용을 지원하고 촉진하며, 필요한 학습 자료를 서로 공유하는데 목적이 있다. 따라서 웹 편집기를 사용해서 제작하기 보다는 퍼블리셔 프로그램을 사용하는 것이 효율적이다. 홈페이지 제작은 홍보물 제작과 마찬가지로 설계 측면과 내용 측면 및 기능 측면의 세 가지 관점에서 평가 기준을 설정하였으며, 이러한 평가 기준의 설정은 학습자들에게 효과적인 웹 사이트 구성과 함께 편리하게 학습 자료를 공유하는데 기여할 수 있을 것이다(〈표 6-3〉 참조).

<표 6-1> 학습자료 제작 평가의 예

학습 자료 제작에 관한 평가 기준

이름: 홍 길 동
주제: 수학 함수

평가 항목	매우 부진 (1-2점)	부진 (3-4점)	우수 (5-7점)	매우 우수 (8-10점)
이차함수의 예 (실생활 소재)	• 불완전하거나 제한된 자료를 제시함	• 이차함수의 예를 찾았으나 적절치 못함	• 이차함수의 예를 정확하게 찾음	• 이차함수의 예 선택이 신선함
ICT를 활용한 수학실험 (기능 측면)	• 자료에 맞춰 그래프나 함수를 일치시키지 못함 • 명확하고 다양한 프리젠테이션을 수행하기 위한 계획이 없다고 판단됨	• 명확하고 다양한 프리젠테이션을 위한 계획이 있다고 판단됨 • 슬라이드는 이해하기 쉽게 구성됨 • 모델 해석에 오류가 있고 기술 적인 면에서 제한되어 있음	• 명확하고 다양한 프리젠테이션을 위한 적절한 계획이 있다고 판단됨 • 슬라이드는 이해하기 쉽게 구성됨 • 자료의 구성 및 제시가 훌륭하고 파워포인트의 특성이 나타남	• 명확하고 다양한 프리젠테이션을 위한 적절한 계획이 확실히 있음 • 슬라이드는 이해하기 쉽게 구성됨 • 자료의 구성 및 제시가 훌륭하고 파워포인트의 특성이 잘 나타남
문제제기 및 문제해결 (내용 측면)	• 논의를 하지 않음	• 제기한 문제에 오류가 있음 • 실생활 예와 이차함수를 연결하는데 어려움을 느낌 • 논의 내용이 타당함	• 제기된 문제에 오류가 없음 • 실생활 예를 수학적으로 다룸 • 논의 내용이 명확하고 간결함	• 문제제기가 충분히 고민해서 구성됨 • 실생활에서 찾은 이차함수의 예로부터 수학적인 사실들을 정확하게 잘 이끌어냄 • 논의 내용이 명확하고 통찰력이 있음

<표 6-2> 홍보물 제작 평가의 예

홍보물 제작에 관한 평가 기준

이름: 홍 길 동
주제: 수학 함수

설계 측면 (5-10 점)
• 페이지가 읽기 쉽도록 구성되어 있는가 • 전체 공간이 적절하고 부분과 조화를 이루는가 • 그래프 또는 삽화가 페이지 내용을 강화하고 있는가 **점수** (　　　　점)
내용 측면 (5-10점)
• 실생활에서 볼 수 있는 이차함수 곡선의 특징을 정확하게 기술하고 있는가 • 함수와 관련된 제시 내용이 정확한가 • 프로젝트의 목적과 진행이 관련 내용을 지원하고 있는가 • 함수와 관련된 과제가 제시되어 있는가 • 식과 그래프에 대한 상황적 설명이 적절하게 이루어져 있는가 **점수** (　　　　점)
기능 측면(5-10 점)
• 중요한 정보를 효과적으로 요약하고 있는가 • 단어 표기가 정확하고 페이지의 모든 문서가 문법적으로 옳은가 • 텍스트, 이미지, 차트, 그래프 등이 학습목표를 지원하고 있는가 • 내용이 창의적이고 흥미로운가 • 프로젝트와 관련된 정보가 효과적으로 제공되고 있는가 **점수** (　　　　점)
총점 (　　　점)

<표 6-3> 홈페이지 제작 평가의 예

홈페이지 제작에 관한 평가 기준

이름: 홍 길 동

주제: 수학 함수

설계 측면 (5-10 점)
• 웹 페이지가 읽기 쉽도록 구성되어 있는가 • 전체 공간이 적절하고 효과적으로 사용되고 있는가 • 그래프 또는 삽화가 웹 페이지 내용을 강화하고 있는가 • 네비게이션이 명확하고 논리적인가 **점수** (　　　　　점)
내용 측면 (5-10점)
• 실생활에서 볼 수 있는 이차함수 곡선의 특징을 정확하게 기술하고 있는가 • 함수와 관련하여 제공된 읽을거리가 정확한가 • 프로젝트의 목적과 진행이 학습을 지원하고 있는가 • 함수와 관련된 과제가 제시되어 있는가 • 식과 그래프에 대한 상황적 설명이 적절하게 이루어져 있는가 **점수** (　　　　　점)
기능 측면 (5-10 점)
• 중요한 정보를 효과적으로 요약하고 있는가 • 단어 표기가 정확하고 사이트의 모든 문서가 문법적으로 옳은가 • 수학적인 과제에 대해 논의되고 있는가 • 내용이 창의적이고 흥미로운가 • 적절한 관련 사이트와 연결되어 있는가 **점수** (　　　　　점)
총점 (　　　점)

제 3 부

언제 도착할 것인가?

❖ 목표 도달 시기

제 3 부 언제 도착할 것인가?

목표 도달 시기

제 3 부는 평가에 관련된 부분으로서 '언제 도착할 것인가'로 정하였다. 여기서는 평가에 관한 이론적 고찰과 함께 기존에 설계하여 제작된 교수·학습 자료의 유용성을 체제적 수업설계 관점에서 살펴보기로 한다.

제 7 장 체제적 ICT 활용 수업 평가

1. 평가에 관한 이론적 고찰

평가(evaluation)의 용어를 한마디로 정의 내리기는 쉽지 않지만, 결정(adjudge), 인식(appraise), 분석(analyze), 사정(assess), 비판(critique), 시험(examine), 등급(grade), 검사(inspect), 판단(judge), 정도(rate), 등위(rank), 검토(review), 점수(score), 연구(study), 테스트(test)등의 단어들을 포괄적으로 내포하고 있다. 최근에 정의되고 있는 평가의 개념은 평가 대상에 대한 가치나 우수함을 결정하는 것이다. 따라서 정당한 평가를 위해서는 정해진 기준에 대한 근거를 제시할 수 있는 명료함과 이를 확인하는 과정이 필요하다(Fitzpatrick, Sanders & Worthen, 2004).

교육 평가는 교육의 가치를 판단하는 것으로서 교육 측정과는 구분된다. 교육 측정이 여러 명의 학습자 가운데 몇 사람을 선발할 목적으로 표준화

검사나 객관적 시험 점수를 사용하는 가치중립적인 활동이라면, 교육 평가는 교육 측정을 통해 얻어진 자료를 기초로 교육 목표의 달성 정도를 검토하고 가치를 판단하여 개선책을 마련하기 위한 가치 지향적 활동이다. 특히, 교육 평가는 ① 학교 예산 배분 ② 학교 교육 과정의 질적인 판단 ③ 학교 인가 기준 설정 ④ 학교 일정에 대한 가치 결정 ⑤ 외부 지원자의 만족도 여부 ⑥ 학부모와 학습자의 학교 선택 지원 ⑦ 교사의 독서 프로그램 개선을 위한 지원에 사용될 수 있다(Fitzpatrick et al, 2004, p. 14).

교육 평가는 언제 평가하느냐에 따라서 진단평가, 형성평가, 총괄평가 등 세 가지로 나눌 수 있다. 진단평가는 학습이 시작되기 전에 학습자의 기초능력이나 선수학습 정도를 파악하기 위한 것이 목적이며, 이를 통해 교수자는 어떠한 교수방법이나 학습방법이 교수 · 학습 활동에 가장 적절한 것인가를 결정하게 된다. 형성평가는 수업 도중에 교수 · 학습 활동을 개선할 목적으로 사용되며, 현재 학습중인 학습자의 잘못된 학습 방식을 교정하고 수업 방법을 개선하는 것을 말한다. 마지막으로 총괄평가는 학습자의 학업 성취 수준을 판정하기 위해 학습 과제나 교과가 끝난 이후인 학기말이나 연말에 실시하는 평가이다. 형성평가의 주요 목적이 프로그램 개선을 위해 정보를 제공하는 것이라면, 총괄평가는 신규 프로그램을 채택할 것인지 혹은 계속 사용하거나 영역을 넓혀서 사용할 것인가에 관한 판단이나 결정을 내릴 경우 사용된다(Fitzpatrick, Sanders & Worthen, 2004). 따라서 총괄평가는 교수 효과의 판단과 함께 학습 결과에 대한 성적의 평점을 통해 학습자에 대한 지속적인 질 관리가 가능하다.

2. 프로젝트 수업을 위한 형성 평가 활동

프로젝트 수업은 학습자들이 주제를 정하여 학습의 계획에서부터 실행, 조정, 관리 및 평가까지 이루어지는 일련의 활동이다. 따라서 학교 현장에서 실용성이 높고 질적으로 우수한 프로젝트가 제작되기 위해서는 수시로 수행과정을 점검하면서 개선해나가는 형성평가 활동이 필요하다. 이 책에서는 Dick과 Carey & Carey(2005)가 제안한 실증적인 형성평가를 일대일 평가, 소집단 평가, 현장 시험 등 세 가지 관점에서 소개하고자 한다.

(1) 일대일 평가

1) 주제 전문가에 의한 참여

일대일 형성평가의 첫 단계는 주제 전문가를 평가에 참여시켜 전문적인 조언을 구하는 것이다. 주제 전문가는 ① 수업 분석 ② 수행 목적 ③ 수업 ④ 평가 및 평가 도구 등 네 가지 항목에 관하여 개략적으로 살펴본 후, 잘못된 부분을 수정하도록 알려주어야 한다. 이때, 주제 전문가의 정확한 평가와 검증을 위해서는 다음과 같은 여섯 가지 요소들이 필요하며, 학습 과제의 성질에 따라서 상담 유형과 전문가 인원수를 조절해야 한다.

가. 객관적인 진술문

나. 수업 분석

다. 내용에 대한 평판과 정확도

라. 수업 매체의 적절성(어휘, 가치, 계열성, 묶음 단위, 학습자

참여 활동 등)

마. 검사 항목 및 평가 환경의 적절성과 명확성

바. 이전 수업과 다음 수업을 연결하는 요소들의 배치

2) 대상 모집단에서 학습자 참여

주제 전문가로부터 일대일 평가에 관한 조언을 받고 나면 대상 모집단으로부터 학습자를 확인하여 참가하고자 하는 학습자들을 적절히 배치시켜야 한다. 그리고 학습자들은 서로 떨어져서 일대일 평가를 가정하여 매체에 관해 토론을 하게 된다. 이러한 과정에 대한 검사는 참여행위에 대한 예비검사이기 때문에 학습자들이 방향을 제대로 알고 있는지, 문제를 이해하고 있는지, 학습자들이 요구되는 필수 기술을 갖고 있는지 등에 관해 구체적으로 살펴보아야 한다. 한편, 학습자들이 매체를 사용하여 학습하는 동안 교수자(평가자)는 다음과 같은 학습 활동을 지원해야만 한다.

첫째, 매체 사용에 있어서 학습자들이 어려움을 만나거나 새로운 아이디어, 또는 문제들에 관해 토론하려는 경우, 학습자들에게 정확한 매체의 위치를 메모하도록 알려준다.

둘째, 만일 학습자가 예제를 이해하지 못할 경우, 다른 어구를 사용하여 분명하게 알려주면서 그들의 변화와 제안을 주목한다.

셋째, 학습자들이 설명을 잘못하는 경우, 제시 순서를 바꾸어 보도록 안내하거나 새로운 지식들을 알려주면서 그들의 변화와 제안을 주목한다.

넷째, 학습자가 지루해 보이거나 매체를 사용하는 동안 혼란스러워할 경우, 매체를 실행하거나 피드백을 제공하기 이전에 학습자에게 정보의 크기를 작거나 크게 조절하여 보여준 후, 그들의 변화를 기록한다.

다섯째, 예제나 설명, 정보의 추가 또는 형성평가를 하는 동안 학습자들의 변화를 기록한다. 그러한 이유는 학습 도중 발견되는 중요한 결정이나 아이디어를 잊을 수 있기 때문이다. 또한, 매체에 익숙한 학습자는 재빠르게 학습을 하거나 대충 학습하는 경향이 있다.

여섯째, 매체의 수정이나 변화가 이루어지기 이전에 어떤 오류가 발생되면 다른 학습자를 선택하여 검사하는 것이 좋다. 이러한 행동은 검사 시간을 줄여줄 뿐 아니라, 다른 문제에 집중하려는 다른 학습자들에게 도움이 되기 때문이다.

3) 일대일 평가 결과

일대일 평가 결과 다음과 같은 요인들이 발생하면 교수자는 이러한 문제를 해결하기 위해 가장 적합한 정보의 유형을 찾아야한다.

가. 불완전한 수업 분석
나. 대상 모집단에서 학습자의 시작 행동에 관한 판단 오류
다. 불분명하거나 부적절한 목표와 기대
라. 다음과 같은 부적당한 정보의 제시와 예제들
 (가) 예제나 그래프 또는 설명이 너무 추상적인 경우
 (나) 한번에 제시되는 정보의 양이 너무 많거나 적은 경우
 (다) 잘못 제시된 정보의 계열
 (라) 불분명한 예제들
마. 검사에 관한 불분명한 질문, 또는 상황이나 방향
바. 불완전한 말씨나 불분명한 문구

지금까지 살펴본 일대일 평가의 지속적인 수행을 위해서는 다음과 같은 환경이 제공되어야 한다.

첫째, 학습자들이 일대일 평가가 종료된 후 서로 만날 수 있는지, 그리고 그러한 만남이 적합한지를 결정한다.

둘째, 평가 도중 가르쳤던 여러 가지 기술들을 학습자들이 언제, 어떻게 사용해야하는지를 결정한다.

셋째, 지속적으로 여러 가지 기술을 사용하기 위해 관리자로부터 지원 범위를 결정한다.

넷째, 학습자들이 사용한 기술, 동료나 부하들과의 면접 등을 관찰한다.

다섯째, 요구사정을 통해 확인된 문제 해결 기술을 사용할 것인지를 결정한다.

여섯째, 수업의 개정을 위해 다양한 제안을 요청한다.

(2) 소집단 평가

일대일 평가와 마찬가지로 소집단 평가를 위해서는 먼저 대상 모집단을 대표하는 집단을 확인해야한다. 평가에 참여하는 집단은 수업 활동과 마찬가지로 검사에 요구되는 적절한 시간이 배분되어야 하고, 학습자들이 적극 참여하려는 의지가 있어야 한다. 이때, 참여하는 학습자들은 평가 모집단을 대표하며, 대상 모집단 가운데 중요한 영역별로 선택되어야 한다.

교수자들을 위해 사전 및 사후 검사나 수업 도중 매체에 관한 제안 또는 매체를 사용하여 상호 작용하는 학습자들의 관찰 결과나 수업 과정에서 기대되는 변화를 기록해 둔다. 사전 검사를 통해 학습자의 질문이나 응답 유형, 질문 요지를 점검하게 되는데, 이때 불분명한 방향이나 주제에서 빗나가는 질문을 하는 학습자는 본인에게 알려주어 교정하도록 한다. 주의할 점은 학습자들이 궁지에 빠지거나 스스로 토론을 중지하지 않는 한, 검사 도중에 뚜렷하지 않은 항목들에 관한 토론 활동이 멈추어지지 않도록 배려한다.

소집단 평가 중에는 참여한 학습자를 위해 검사에 필요한 시간을 기록해 두어야하며, 수업 중에 가르치려는 기술에 관한 사전 검사를 관리할 필요가 있다. 수업 매체를 관리하기위해서는 검사 도중에 필요한 수업 보조물이나 장치 등이 수업 현실에 접근하도록 설정되어 있어야 한다. 이를 위해 교수자는 매체를 평가하는데 있어서 학습자들의 도움이 필요하다는 것을 미리 알린 후 그들의 참여 행동을 비교하며, 학습자들의 분명하지 않은 설명이나 예제, 또는 주제를 벗어나는 설명에 관해서는 학습자들이 스스로 점검할 수 있도록 알려주어야 한다.

교수자가 수업 매체의 사용 시간을 미리 알고 있으면 친숙하지 않은 장치나 절차에 소요되는 시간을 예상할 수 있다. 또한, 사후 검사 관리를 통해 학습자들이 추측하거나 응답하지 못한 항목들에 대한 실마리를 제공할 수 있다. 이와 함께 교수자는 학습자의 질문지 검사를 통해 주의 집중 유지, 수업 소요 시간의 적정 여부, 수업의 어려움 정도, 설명의 적합성, 색(色)의 사용에 대한 흥미나 혼란스러움, 수업에 대한 변화 기대, 매체 검사 측정 여부, 선호하는 매체 등을 파악할 수 있다.

(3) 현장 시험

현장 시험을 위해 교수자는 먼저 대상 모집단으로부터 적합한 표본을 선택해야 한다. 현장 시험에 참여하는 학습자는 한 집단에서 30명이 적합하며, 대상 모집단에서 선택된 학습자는 평가하려는 기술과 능력을 지니고 있되 시험을 위해 사용할 적절한 인원과 시설 및 장치가 확보되어야 한다.

교수자는 수업 매체들을 적절히 분배하고, 현장 시험에서 수행할 최소한의 역할을 살펴보아야 한다. 수집된 자료들은 아래 요소들을 기준으로 점검한 후 요약하여 정리해둔다.

가. 사전 검사에 참여하여 행동한 점수

나. 가르친 기술에 대한 사전 및 사후 검사 점수

다. 각자 시험에 사용된 학습자 시간

라. 수업 완수를 위해 학습자에게 요구된 시간

마. 참여하는 학습자의 태도

한편, 형성평가에 있어서는 매체와 함께 교수자에 관한 요소들이 검토되어야 하며, 수업을 위한 매체의 선택은 다음과 같은 요인들이 반영되어야 한다.

첫째, 수업전략의 모든 부분들이 구체적으로 설명되어야 한다.

둘째, 자원들 간의 전이가 원활하게 이루어져야 한다.

셋째, 다양한 수업 자원에 있어서 내용의 흐름은 일관성이 있고 논리적이어야 한다.

넷째, 학습자의 매뉴얼과 함께 교수자는 학습 목표를 소개해야 한다.

다섯째, 교수전략은 교수자에 의해 알맞게 공급되어야 한다.

여섯째, 모든 자원에 사용되는 어휘들은 적합해야 한다.

일곱째, 사용된 예제와 설명은 대상 집단을 위해 적절해야 한다.

수업 평가에 있어서 중요한 요인 가운데 하나는 수업의 상호작용 부분이 교수자에 의해 전달되었는가 하는 점이다. 교수자에 대한 평가에 있어서 중요하게 고려될 사항은 다음과 같다.

첫째, 교수자는 설득력 있고 열정적이며 도움이 되는 식견이 있어야한다.
둘째, 교수자는 수업을 유지하기 위해 학습에서 벗어나지 않고 학습 주제와 일정에 관계된 토론을 해야 한다.
셋째, 교수자는 학습자에게 흥미 있는 수업과 함께 예의가 있어야 한다.
넷째, 교수자는 설명을 돕기 위해 칠판 및 시각적 보조물을 사용해야 한다.
다섯째, 교수자는 학습자의 질문에 친절하고 성실하게 응답해야 한다.
여섯째, 교수자는 학습자에게 적절한 피드백과 함께 실제적인 연습 기회를 제공해야 한다.

3. 개발된 교수 · 학습 자료의 유용성

(1) 웹 사이트의 평가

수많은 정보들이 웹을 통하여 제공되고 있지만, 웹을 사용하는 학습자들은 여전히 불만족을 제기한다. 그러한 이유는 올려진 학습 자료의 내용적인 측면과 함께 기술적인 측면 등 여러 가지 요인들이 복잡하고 다양하게 존재하겠지만, 무엇보다 중요한 것은 웹 설계자들이 웹 사용에 따른 여러 가지 제약들과 학습자들이 겪게 되는 경험들을 고려하여 설계하지 않는다는 점이다.

Badre(2002)의 지적대로 웹 설계자가 제대로 된 웹 사이트를 설계하기 위해서는 일관성, 결합성, 정보 배치, 정보 코딩, 색상, 텍스트 선명도 등 여섯 가지 요소가 고려되어야 한다. 이러한 여섯 가지 요소는 웹 설계자가 사이트를 설계할 때 고려해야 하는 최소한의 준거로서, 웹을 활용한 교수 · 학습 자료의 유용성 평가에 도움이 될 것이다.

첫째, 웹 사이트에서 일관성은 가장 중요한 웹 설계의 원칙으로서, 정보의 배치와 상호작용 과정이 웹의 모든 과정에 고려되어야 한다. 예를 들어, 같은 웹 사이트에서 사용하는 버튼이나 탭, 링크 등은 동일한 위치에 같은 이름으로 배치되어 있어야 한다. 그러나 한 개의 사이트에 두 가지 언어를 사용하여 학습 내용을 표현해야 하는 경우에는 예외가 있다.

둘째, 웹 사이트에서 결합성이란 학습자가 웹상에서 얼마나 쉽게 정보를 관리하며, 이에 관련된 과제를 수행하는가를 뜻한다. 웹에서 학습 내용이 무계획적이며 의미 있는 구조로 제시되지 않으면, 학습자는 혼란을 가져와 정보를 찾기 어렵게 된다. 이러한 정보 혼란의 원인은 설계자가 웹을 설계할 때 결합성을 고려하지 못한데서 발생한다.

셋째, 웹 설계에서 정보 배치란 학습자가 자신의 학습 경험에 비추어 학습 사이트를 쉽게 알아볼 수 있도록 설계하는 것을 말한다. 학습자들이 웹을 방문할 때 도움말이나 사이트 지도(map)의 도움 없이 필요한 학습 요소들을 탐색할 수 있어야 한다. 이를 위해 설계자는 학습자가 웹 사이트를 방문할 때 무엇을 기대하고 있는지, 혹은 웹 사이트의 구조에 대해 어떻게 생각하고 있는지를 살펴본 후, 보조 설명을 통해 간단하고 명료하게 학습에 관련된 내용을 알려준다든지, 혹은 학습자가 쉽게 이해할 수 있도록 구성될 필요가 있다. 예를 들어, 학습자가 처음 웹 사이트에 접속했을 때, 제일 먼저 보게 되는 위치는 화면 상단의 좌측 영역이며(Megaw & Richardson, 1979), 글을 읽는 순서는 상단 좌측에서부터 시작하여 좌측에서 우측으로, 위에서 아래 방향으로 이동하게 된다. 따라서 웹 사이트에서 가장 관심 있거나 중요한 내용들을 학습자에게 알리고자 할 때에는 학습자가 좋아하는 위치를 고려하여 설계함으로써 화면에 대한 가독율(加讀率)을 높일 수 있다.

넷째, 정보 코딩이란 웹 사이트의 특정 위치나 내용을 학습자가 좋아하는 색상이나 글자체, 또는 아이콘 깜박임 등을 사용하여 학습자의 시선을 집중시키는 전략이다. 이러한 설계 방식은 웹 설계에서 주로 사용되고 있지만, 자칫 학습자에게 정보의 혼란을 초래하여 특정 정보에 주목하지 못하는 역효과를 줄 수 있기 때문에 신중하게 고려해야한다. 따라서 무분별하고 과도하게 색을 이용한 일시적인 효과보다는 텍스트 중앙에 한 개의 그림을 넣는다든지, 학습자가 정보를 읽을 때 페이지가 열린 후 배너 광고는 10초 정도만 작동하다가 멈추도록 설계하여 학습자가 원하는 정보에 집중할 수 있도록 배려해야 한다.

다섯째, 웹 사이트에서 색상 관리는 정보를 구조화하고 학습자의 시선을 집중시키기 위하여 사용된다. 특히, 흰색이나 검정색 같은 단색 배경은 웹 사이트의 선명도와 함께 가독율을 높이며, Christ(1975)의 지적처럼 학습자의 빠른 시선 집중을 위해 매우 효과적이다. 그러나 제한된 화면에서 너무 많은 색상은 학습 효과를 떨어뜨리기 때문에 한 개의 화면에 다섯 종류가 넘는 색상은 사용하지 않아야 한다(Carter & Cahill, 1979).

여섯째, 웹 사이트 설계에서 텍스트 선명도란 단어의 의미나 문자의 크기 또는 문자의 길이 등을 고려하여 학습자가 쉽게 인식할 수 있도록 설계하는 것을 말한다. 학습 내용을 구성할 때 사용되는 단어들은 한 개의 단어가 갖는 의미가 여러 개로 사용될 수 있기 때문에, 학습자들이 의미를 쉽게 파악할 수 있도록 명확하게 구분하여 제시해야한다. 이처럼 명확한 단어의 제시는 웹상에서 학습자가 정보를 읽고 해석하는 시간을 줄일 뿐 아니라, 상호작용을 지원하게 된다. 또한, 웹 사이트에 사용되는 단어들이 영문인 경우에는 학습자의 독해 속도를 높이기 위해 대문자와 소문자를 함께 사용해야 하지만(Moskel et al, 1984), 제목이나 부제 또는 자막을 표시하는 경우에는 대문자를 사용함으로써 학습자의 시선을 집중시킬 수 있다. 일반적으로 웹 사이트에서 문장을 읽을 때에는 가독율이 떨어지기 때문에(Gould & Grischkowsky, 1984), 한 줄의 길이는 35자 이내로 작성하며, 정독해야 하는 문장일지라도 75자가 넘지 않도록 설계해야한다. 이와 함께 문단마다 키워드를 함께 제시함으로써 학습자가 전체적인 내용을 짧은 시간에 볼 수 있도록 지원하고, 학습 도중에 필요한 내용은 쉽게 인쇄할 수 있도록 구성해야한다. 또한, 웹 사이트에 실린 내용의 신뢰감을 유지하기 위해서는 사용되는 단어나 문장의 의미, 맞춤법 등이 틀리지 않도록 미리 워드프로세서에 작성하고 나서 웹 문서로 전환하는 것이 좋은 방법이다.

웹 사이트 학습의 장점 가운데 하나는 학습자가 언제, 어디서나 웹에 접속하여 학습자 수준에 맞는 내용을 찾아갈 수 있다는 점이다. 그러나 이러한 장점에도 불구하고 너무 많은 자료와 정보들은 항해하는 정보의 바다(Shum & Mcknight, 1997) 속에서 학습자는 인지적 과부하와 함께 방향감 상실을 느끼게 된다(남정권, 2005). 따라서 웹 사이트를 평가할 때는 무엇보다 학습자 관점에서 설계가 이루어졌는지를 검토하고, 이와 함께 다음과 같은 10가지 영역에 대한 평가가 필요하다.

1) 정보 탐색(know where)의 용이성
2) 웹 사이트 기능과 구조의 동일성
3) 방향감 상실 방지 및 인지적 과부하 정도
4) 학습자 만족도
5) 인터넷 접속 속도
6) 화면 구성의 적절성
7) 내용 구성의 간결성과 명확성
8) 웹 사이트의 표준화
9) 학습자에 대한 피드백 여부
10) 학습자 안내 및 도움 기능

(2) 프로젝트 수업 자료의 평가

개발된 교수 · 학습 자료의 유용성을 알아보기 위해 앞에서 제시된 10가지 평가 기준을 준거로 프로젝트 수업 자료를 평가하고자 한다. 이 책에 사용된 수업 자료들은 교육대학원에 재직 중인 현직 교사들과 예비 교사들이 자체 제작하거나 편집 · 가공한 자료들로서 제작자의 동의를 얻어 게시하였다. 또한, 아래 제시된 자료들은 교육 현장에서 교수자에 의해 손쉽게 제작되어 널리 쓰이고 있는 프로그램으로서, 저작 도구에 따라 파워포인트(PPT), 플래시(Flash), 웹(Web), 무비 메이커(Movie maker) 등 4종류의 수업 자료에 대한 평가 내용을 그림 옆에 함께 제시하였다. 따라서 이 글에서 제시된 자료는 교과별로 하나의 예시 자료에 대한 평가이며, 평가자에 따라서 얼마든지 다르게 평가를 내릴 수 있음을 밝혀둔다.

1) 파워 포인트 자료

가. 음악과 자료의 예

- 화면 하단의 연주 듣기와 연주 멈춤 기능을 사용하여 학습자가 언제든지 반복학습이 가능하도록 하였다.
- 직접 그리기 어려운 오선지를 제시함으로써 학습자가 수정 및 편집이 용이하도록 하였다.

[그림 7-1] 초 5학년 '모두 모두 자란다' ① (허민 作)

- 리코더를 악보와 함께 제시함으로써 자료의 사실감을 높였다.
- 학습자들이 실제 리코더를 사용하여 자료를 보면서 학습할 경우 효과적이다.
- 배경 화면에 대한 색감이 안정적이다.

[그림 7-2] 초 5학년 '모두 모두 자란다' ② (허민 作)

나. 미술과 자료의 예

- 교수자가 직접 작업 과정을 동영상을 활용하여 제시함으로써 학습의 현실감을 높였다.
- 글자의 색과 배경의 색이 조화로운 보색관계를 유지하면 좋을 것이다.

[그림 7-3] 조형의 원리와 요소 (김형기 作)

다. 과학과 자료의 예

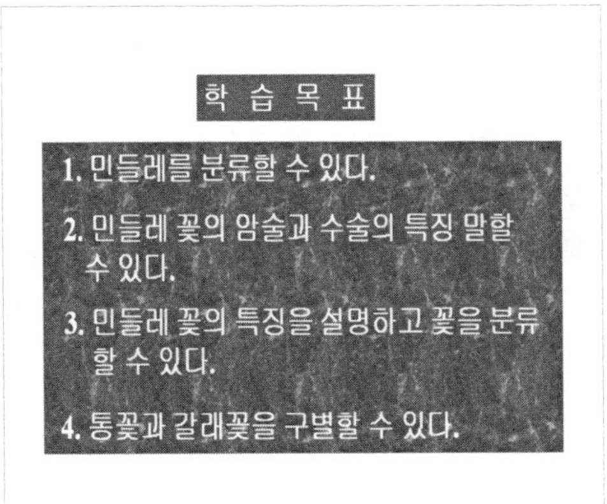

- 적절한 보색관계의 선택과 안정감 있는 배치로 학습목표에 대한 제시가 명확하게 보이고 있다.
- 간단하면서도 명료하게 작성하였으며, 글자 크기도 적절하다.

[그림 7-4] 중 1학년 '민들레' ① (과학교과연구회 作)

4) 민들레의 생김새☆

①분류: 종자식물 - 속씨식물 - 쌍떡잎식물

② 민들레 꽃

암술:(1)개로 암술머리가 갈라져 있음,☆

수술:(5)개로 꽃밥이 암술대를 싸고 있음

꽃잎:( )장이 붙어 혀 모양,

꽃받침: ( )로 변형☆

③ 꽃의 구분

:

- 별표를 사용하여 학습자가 구체적으로 학습하고 싶은 내용을 그림이나 멀티미디어 자료로 링크하여 안내하였다.
- 정답을 직접 제시하지 않고 학습자가 생각한 후, 직접 기록하는 방식이다.

[그림 7-5] 중 1학년 '민들레' ② (과학교과연구회 作)

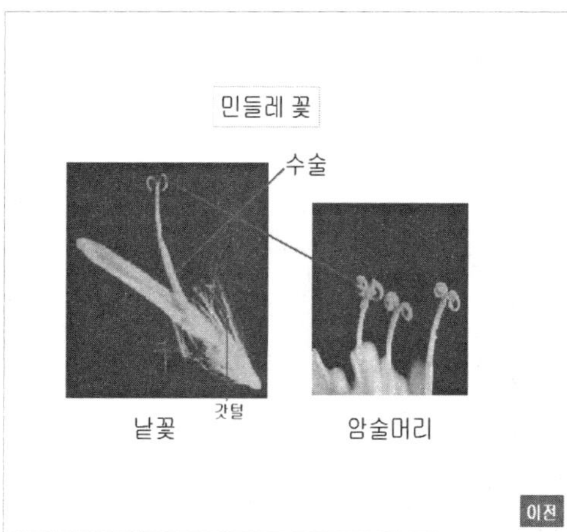

- 눈으로 보이지 않는 민들레꽃의 생김새를 사진자료를 통하여 자세하게 보여주고 있다.
- 마우스를 클릭함으로써 서로 관련 있는 내용끼리 연결짓는 과정은 학습자 동기를 유발시킬 수 있다.

[그림 7-6] 중 1학년 '민들레' ③ (과학교과연구회 作)

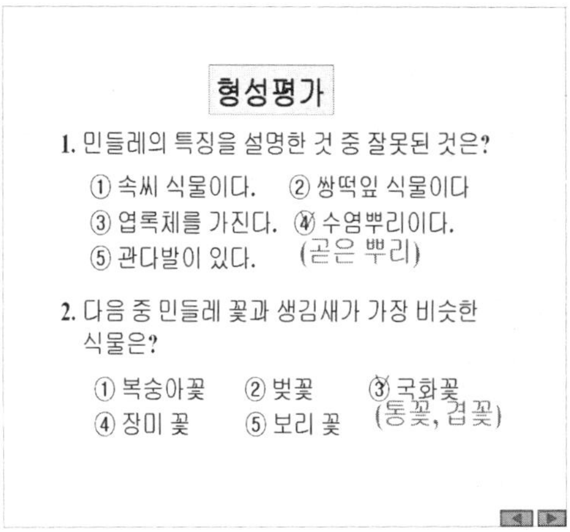

- 전체적으로 균형 잡힌 구조와 배치를 이루고 있다.
- 학습자가 정답을 클릭할 때 보조 설명을 보여줌으로써 확인학습이 가능하다.

[그림 7-7] 중 1학년 '민들레' ④ (과학교과연구회 作)

라. 수학과 자료의 예

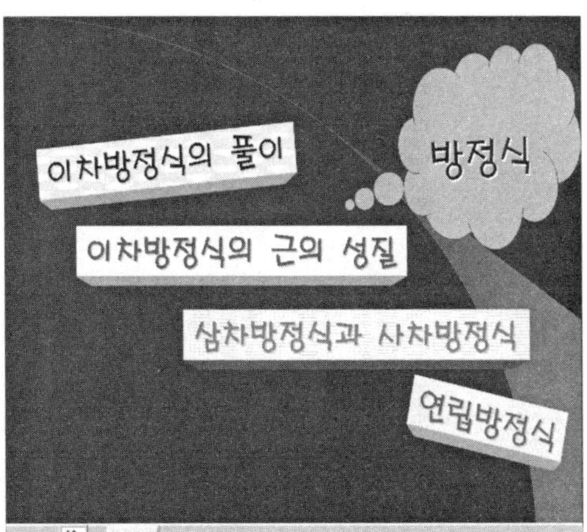

- 적절한 보색관계의 선택과 안정감 있는 배치로 학습 주제가 알기 쉽게 제시되었다.
- 획일적인 배치 대신 자유로운 글꼴과 메뉴 구성이 학습자에게 편안함과 자유로움을 주고 있다.

[그림 7-8] 고 1학년 '방정식과 부등식' ① (김수미 作)

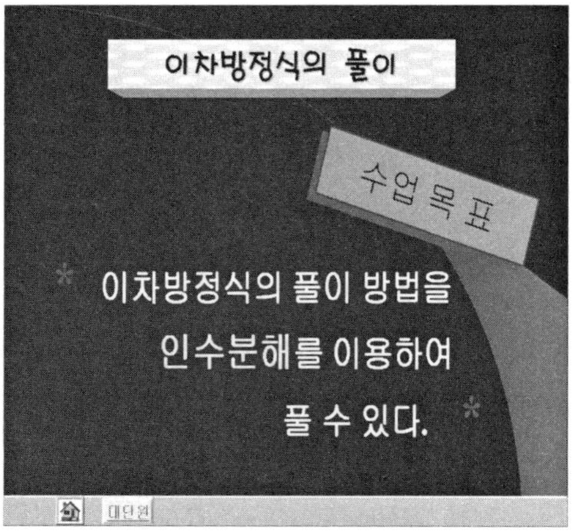

- 적절한 보색관계의 선택과 글자로 수업목표가 명확하게 제시되고 있다.
- 화면 하단에 대단원 버튼을 제시하여 학습자가 직접 관련내용으로 이동할 수 있다.

[그림 7-9] 고 1학년 '방정식과 부등식' ② (김수미 作)

- 대단원 버튼이 다른 화면과 같은 위치에 동일하게 배치되어 있어 버튼 검색이 용이하다.
- 지루하기 쉬운 학습 내용을 만화를 사용하여 제시함으로써 학습자의 동기를 유발할 수 있다.

[그림 7-10] 고 1학년 '방정식과 부등식' ③ (김수미 作)

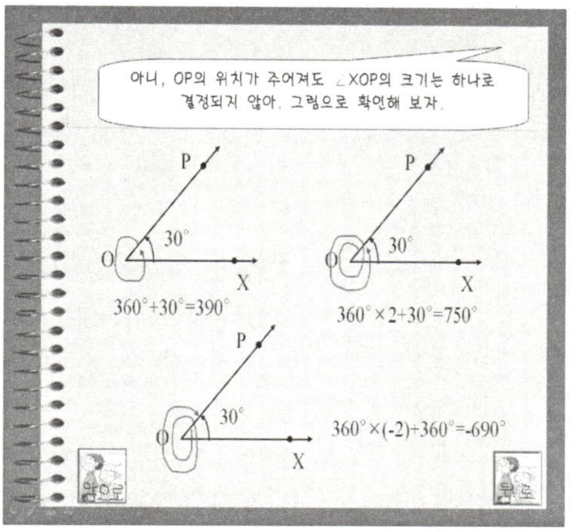

- 학습자들이 자주 사용하는 노트 배경과 함께 자세한 설명이 학습자 수준에 적합하게 구성되어있다.
- 손으로 그린 것처럼 각도를 보여줌으로써, 지루해지기 쉬운 학습 내용을 친학습자 환경으로 구성하였다.

[그림 7-11] 파페포포와 함께 삼각함수 배우기 ① (박수진 作)

- 이야기 중심으로 학습 내용을 설명하여 학습자가 친근감을 갖고 자료를 사용할 수 있다.
- 학습자가 선호하는 캐릭터(파페포포)의 사용으로 인해 거부감 없이 흥미를 갖고 학습할 수 있다.

[그림 7-12] 파페포포와 함께 삼각함수 배우기 ② (박수진 作)

마. 과학과 자료의 예

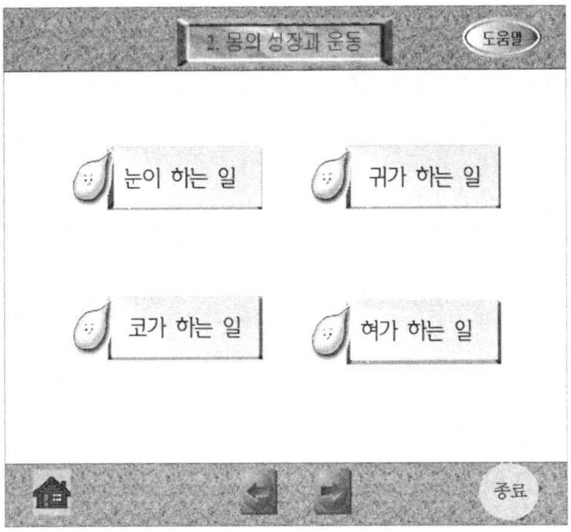

- 적절한 보색과 균형 잡힌 배치는 학습자를 편안하게 해준다.
- 짜임새 있는 메뉴 사용으로 인해 학습하려는 주제를 한눈에 알 수 있다.
- 너무 구조화된 설계는 자칫하면 학습자에게 거부감을 줄 수 있다.

[그림 7-13] 신비한 우리의 몸 ① (고학경 作)

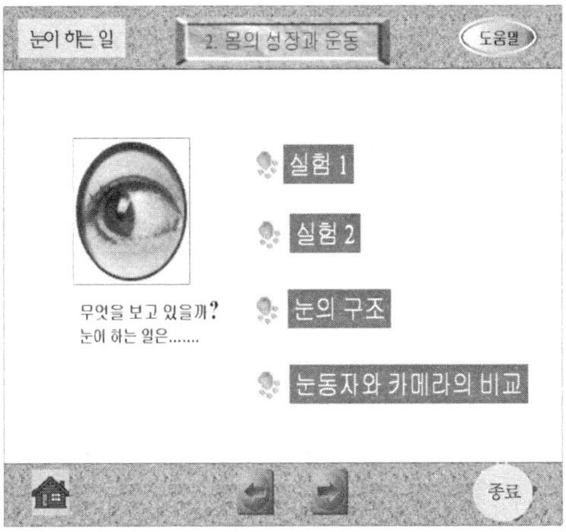

- 눈을 사용한 메타포(metaphor)는 학습자의 주의를 집중할 수 있다.
- 전체적으로 균형 있는 화면 배치가 안정적이다.

[그림 7-14] 신비한 우리의 몸 ② (고학경 作)

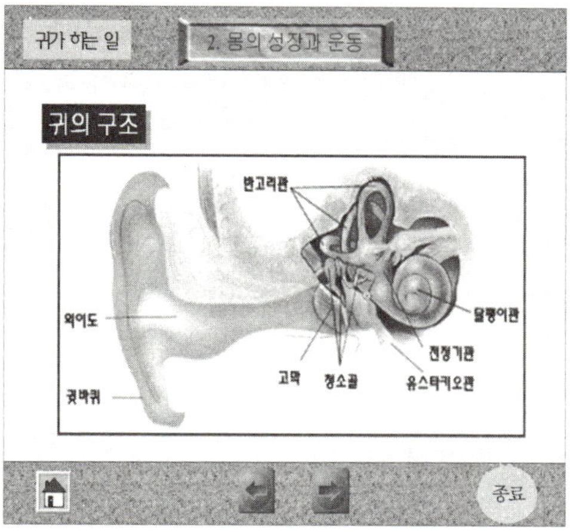

• 보기 어려운 귀의 내부를 보여줌으로써 관찰학습이 가능하다.

• 귀의 구조에 대해 그림 자료와 함께 명칭을 제시하여 학습 효과를 높일 수 있다.

[그림 7-15] 신비한 우리의 몸 ③ (고학경 作)

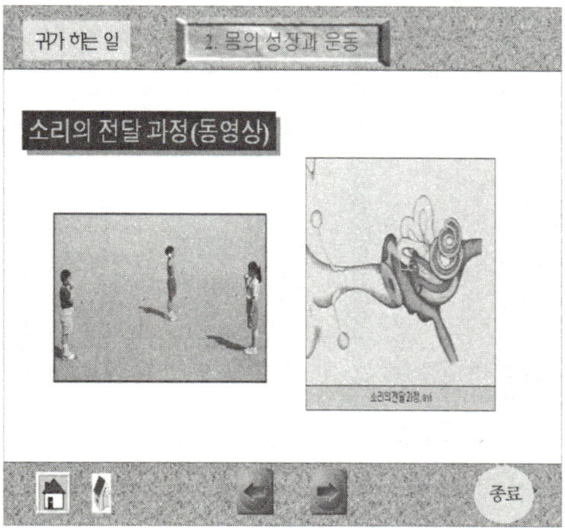

• 동영상 제시로 인해 사실감을 높일 수 있으며, 소리의 전달 과정에 대한 그림 제시는 학습 내용에 대한 이해도를 높일 수 있다.

• 구조화된 화면 구성과 함께 일관성 있으며, 전체적인 화면 설계가 우수하다.

[그림 7-16] 신비한 우리의 몸 ④ (고학경 作)

- 도움말 화면을 사용하여 버튼 기능을 알기 쉽게 표현하였다.
- 원하는 화면을 한번에 찾아갈 수 있는 인지적 기능(map)의 제공이 필요하다.

[그림 7-17] 신비한 우리의 몸 ⑤ (고학경 作)

바. 국어과 자료의 예

- 이해하기 어려운 NIE 작품을 화면에 제시함으로써 학습자의 학습 동기를 높일 수 있다.
- NIE 작품 과정을 이야기 형식으로 소개하여 학습자가 다양하게 창의성을 발휘할 수 있다.

[그림 7-18] NIE[1] 독후 활동 (지숙 作)

1) Newspaper In Education의 약자로서, 학습자가 책을 읽고 난 후 원고지가 아닌 신문에 있는 사진, 그림, 글자, 광고 만화, 도표 등을 활용하여 창의적으로 의사를 표현하는 독후활동이다.

사. 성 교육 자료의 예

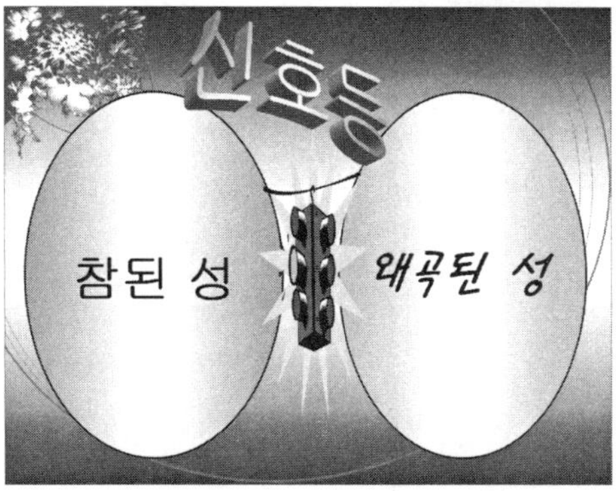

- 신호등 메타포를 사용하여 올바른 성과 그릇된 성을 한눈에 비교할 수 있다.
- 메타포(신호등)의 크기를 학습 주제보다 작게 제시하여 교수자의 의도를 분명하게 전달할 수 있다.

[그림 7-19] 성과 사랑 (이성순 作)

2) 플래시 자료

가. 과학과 자료의 예

- 탁자를 소재로 한 '생각열기' 코너는 학습자로 하여금 생각할 수 있는 여유를 준다.
- 오른쪽에 배치한 여러 가지 물질에 대한 아이콘들이 정답을 말할 수 있는 암시를 주고 있다.

[그림 7-20] 초 3학년 물체를 이루고 있는 물질 ① (KERIS[2] 作)

2) 한국교육학술 정보원 URL Site: http://www.keris.or.kr/main/index.jsp

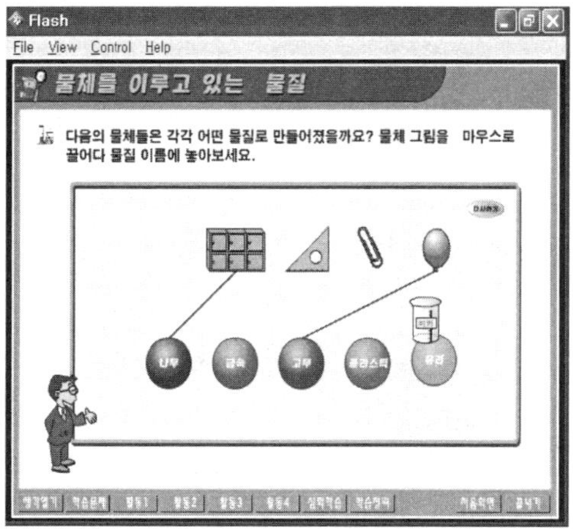

- 마우스로 아이콘을 눌러서 연결하는 '학습활동' 코너의 화면이다.
- 저학년의 학습자들에게 흥미를 유발할 수 있다.

[그림 7-21] 초 3학년 물체를 이루고 있는 물질 ② (KERIS 作)

- 실제 학습이 이루어지는 가상수업의 형태는 시뮬레이션 학습에 적합하다.
- 하단에 학습자 활동 버튼을 제시함으로써, 언제든지 학습자가 원하는 내용으로 이동할 수 있다.

[그림 7-22] 초 3학년 물체를 이루고 있는 물질 ③ (KERIS 作)

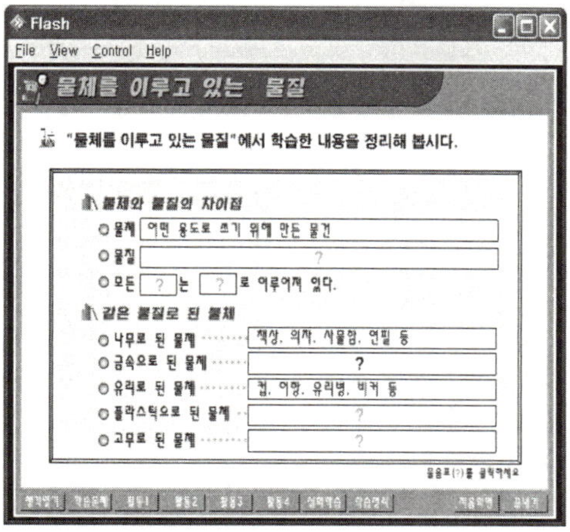

- 학습자들에게 배운 내용을 정리해 볼 수 있는 기회를 제공하였다.
- 학습자가 직접 글자를 쓰는 것이 아니라, 마우스를 누를 때에만 정답을 보여줌으로써 자기 주도적 학습이 가능하다.

[그림 7-23] 초 3학년 물체를 이루고 있는 물질 ④ (KERIS 作)

3) 웹 자료

가. 과학과 자료의 예

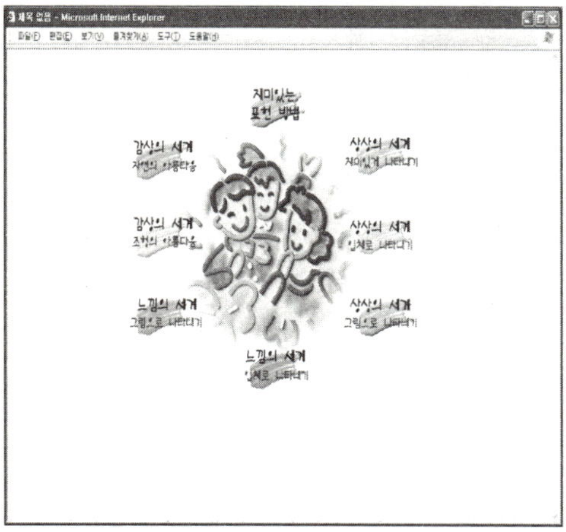

- 학습자에게 적합한 캐릭터를 사용하여 학습 단원을 선택하도록 함으로써 동기를 유발할 수 있다.
- 학습자들이 거부감을 갖지 않도록 화면 구성이 친 학습 환경으로 구성되어 있다.

[그림 7-24] 초 4학년 '마음으로 표현해요' (김선재 외 5인 作)

• 학습을 위한 조형물을 입체적으로 구성하여 제시함으로써, 화면이 생동감 있게 구성되었다.

• 화면 왼쪽의 선택 메뉴가 선명하게 보일 수 있도록 글자와 배경이 보색을 이루어 제시되어야 한다.

[그림 7-25] 초 4학년 '마음으로 표현해요' (김선재 외 5인 作)

나. 도덕과 자료의 예

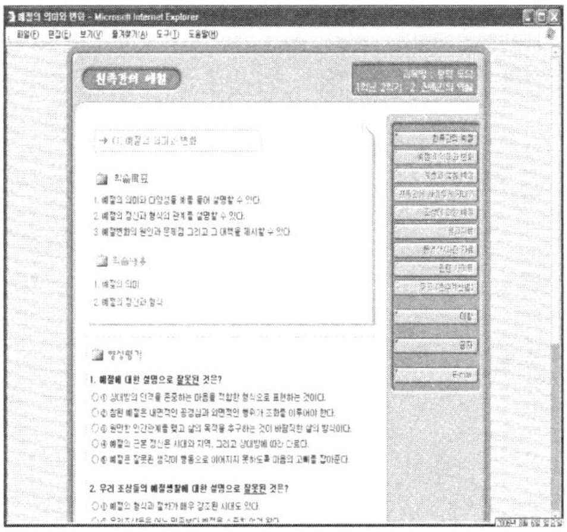

• 전체적으로 화면 구성은 안정적으로 보이지만 글자 크기가 너무 작다.

• 글자 크기를 크게 하고 글자색과 화면 바탕색이 보색관계를 이룰 수 있도록 설계하는 것이 바람직하다.

[그림 7-26] 중 1학년 '친족간의 예절' ① (박순선 作)

- 단원이나 주제를 쉽게 찾아갈 수 있는 선택 메뉴가 화면의 오른쪽에 일정하게 배치되어 있다.
- 동영상 및 사진자료의 제시는 학습자에게 보다 풍부한 정보를 제공한다.

[그림 7-27] 중 1학년 '친족간의 예절' ② (박순선 作)

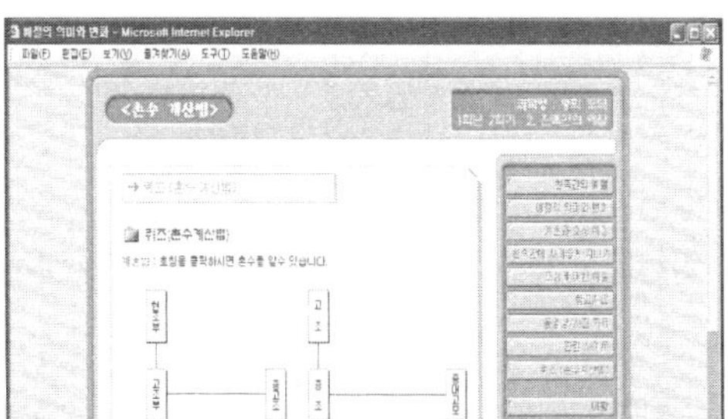

- 학습자가 알고 싶은 촌수를 선택하여 마우스로 누르면, 왼쪽 그림과 같이 해당 촌수를 보여준다.
- 학습자의 동기를 유발하고 한눈에 가족 관계를 구분할 수 있어 편리하다.

[그림 7-28] 중 1학년 '친족간의 예절' ③ (박순선 作)

4) 무비 메이커 자료

가. 전산과 자료의 예

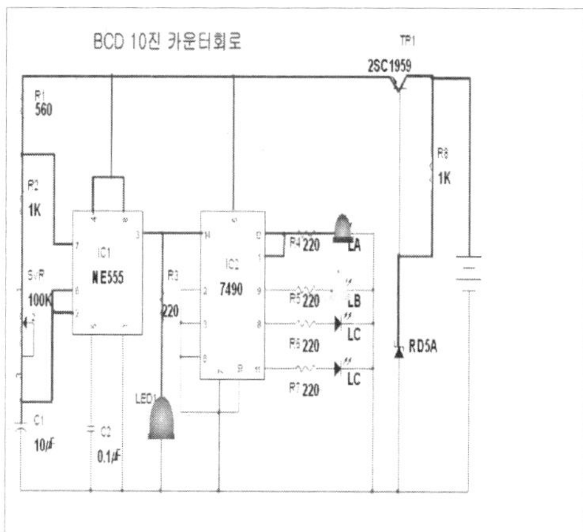

• 무비 메이커를 사용하여 이미 만들어진 자료의 동기화가 가능하다.

• 플래시를 사용한 애니메이션 효과와 함께 음성, 텍스트, 그림 등을 하나의 파일로 합성하여 제시하였다.

[그림 7-29] BCD 10진 카운터 회로 (김정태 作)

참 고 문 헌

남정권 (2002). 학교교육에서의 효율적인 ICT활용과 교육공학의 역할. 한국교육공학회. 교육공학춘계학술대회. 103-127.

남정권 (2005). 웹 기반 학습 환경에서 집단 유형과 과제 유형에 따른 자기조절학습 효과에 관한 연구. 교육방법연구, 17(1). 19-38.

한국교육학술정보원 (2001a). ICT 활용교육 장학지원 요원 연수교재.

한국교육학술정보원 (2001b). ICT 활용교육 장학안내서.

Andrews, D. H., & Goodson, L. A. (1980). A comparative analysis of models of instructional design. Journal of Instructional Development, 3, 2-16.

Badre, A. N. (2002). Shaping Web Usability: Interaction Design in Context. Pearson Education, Inc. 김성우(역) (2002). 웹의 가치는 사용성이 결정한다: 정황에 따른 성공적인 웹 설계 전략. 서울: 피어슨 에듀케이션 코리아.

Bonk, C. J, & Reynolds, T. H. (1997). Learner-centered web instruction for higher-order thinking, teamwork, and apprenticeship. In Khan(Ed.), Web-Based Instruction, 167-178. Englewood Cliffs, NJ: Educational Technology Publications.

Briggs, L. (1977). Instructional design: Principles and applications. Englewood Cliffs, NJ: Educational Technology.

Bruner, J. T. (1996). Toward a theory of instruction. Cambridge, MA: Harard University Press.

Carter, R. C., & Cahill, M. C. (1979). Regression models of search time for color coded information displays. Human Factors, 21, 293-302.

Chi, M. T. H, & Glaser, R. (1985). Problem solving ability. In R. Sternberg (Ed.), Human abilities: An information processing approach, 227-250. NY: Freeman.

Christ, R. E. (1975). Review and analysis of color-coding research for visual displays. *Human Factors*, 17, 542-570.

Dick, W., & Carey, L. (1990). *Systematic design of instruction* (3rd Ed.). Glenview, IL: Scott, Foresman and Company.

Dick, W., Carey, L., & Carey, J. O. (2005). *The Systematic Design of Instruction* (6th ed.). Walter Dick and Lou Carey. Pearson.

Duffy, T. M., & Cunningham, D. (1995). Constructivism: Implications for the design and delivery of instruction. A draft for the chapter in Jonassen(Ed.), *Handbook of Research on Educational Communication and Technology*, NY: Scholastic.

Fitzpatrick, J. L., Sanders, J. R., & Worthen, B. R. (2004). *Program Evaluation: Alternative Approaches and Practical Guidelines.* (3rd Ed.). Pearson Education, Inc.

Gould, J. D., & Grischkowsky, N. (1984). Doing the same work with hard copy and with cathode-ray tube (CRT) *computer terminals. Human Factors*, 26, 757-789.

Gustafson, K. L., & Branch, R. M. (1997). *Survey of instructional development models* (3rd ed.). Syracuse: ERIC Clearinghouse on Information & Technology. IR-103.

Gustafson, K. L., & Branch, R. M. (2002). What is Instructional Design. In Reiser & Dempsey (Eds.), *Trends and Issues in Instructional Design and Technology, 16*-25. Upper Saddle River, NJ: Pearson Education, Inc.

Hannafin, M. J., & Hill, J. R. (2002). Epistemology and the Design of Learning Environments. In Reiser & Dempsey (Eds.), *Trends and Issues in Instructional Design and Technology,* 70-82. Upper Saddle River, NJ: Pearson Education, Inc.

Hawkridge, D. (2002). Distance Learning and Instructional Desegn in International Settings. In Reiser & Dempsey (Eds.), *Trends and Issues in Instructional Design and Technology*, 269-278. Upper Saddle River, NJ: Pearson Education, Inc.

Heinich, R., Molenda, M., & Russell, J. D., Smaldino, S. E. (1996). *Instructional Media and Technologies for Learning*. Upper Saddle River, NJ: Merrill/Prentice Hall. 설양환 외(역) (2002). **교육공학과 교수매체**. 서울: 피어슨 에듀케이션 코리아.

Knupfer, N. N. (1997). Gendered by design. *Educational Technology, 37*(2), 31-37.

Lewis, J. P. (2001). *Project planning, scheduling & control: A hands-on guide to bringing projects in on time and on budget*. NY: McGraw Hill.

Mager, R. F. (1984). *Preparing instructional objectives* (2nd ed.). Belmont, CA: Fearon-Pittman.

Megaw, E. D., & Richardson, J. (1979). Target uncertainty and visual scanning strategy. *Human Factors*, 20, 611-632.

Molenda, M., Pershing, J. & Reigeluth, C. (1996). Designing instructional systems. In R. Craig(Ed.), *The ASTD training and development handbook* (4th ed.), 266-293. NY: McGraw-Hill.

Moore, M. G. (1989, April). Three modes of interaction. In *Issues in instructional interactivity*. Forum conducted at the meeting of the National University Continuing Education Association, Salt Lake City, UT.

Moskel, S., Erno, J., & Shneiderman, B. (1984). Proofreading and comprehension of text screens and paper. *Univesity of Maryland Computer Science Technical Report*.

Powell, G. (1997). On being a culturally sensitive instructional designer and educator. *Educational Technology, 37* (2), 6-14.

Reiser, R. A. (2002). What field did you say you Were in? Defining and namign our field. In Reiser & Dempsey (Eds.), *Trends and Issues in Instructional Design and Technology,* 70-82. Upper Saddle River, NJ: Pearson Education, Inc.

Richey, R. (1995). Trends in Instructional Design: Emerging Theory-Based Models. *Performance Quarterly, 8* (3), 96-110. Retrieved May 24, 2001, from http://www.ittheory.com/idtrends.htm.

Schank, R. (1993). *What to teach: How to teach it. Goal-based scenarios as the basis of the organization of courses.* Technical Report.

Schank, R. C. (2003). *Designing World Class E-Learning.* NY: McGraw Hill. 유영만 외(역) (2003). **e-러닝의 딜레마 탈출을 위한 한 시도**. 서울: 원미사.

Shum, S., & Mcknight, C. (1997). World Wide Web usability: Introduction to this special issue. *International Journal of Human-Computer Studies, 47* (1).

Shrock, S. (1991). A brief history of instructional development. In G. Anglin (Ed.), *Instructional technology: past, present and future,* 11-18. Englewood, CO: Libraries Unlimited, Inc.

Smita, G., & Jacqueline, L. (2002). Motivation in Elementary Mathematics: How Students and Teachers Benefit from Computers. *TechTrends, 46* (1), 40-43.

Smith, P. K., & Ragan, T. J. (2005). *Instructional Design* (3rd ed.). NJ: John Wiley & Sons, Inc.

Trepanier Street, M. (1993). What so new about the project aproach?

Childhood Education, 70 (2), 25-28.

Van Dusen, L. M., & Worthen, B. R. (1995, October). Can integrated instructional technology transform the classroom? *Educational Leadership, 52* (2), 28-33.

Wilson, R. A., & Keil, F. C. (1999). *The MIT Encyclopedia of the Cognitive Sciences*. Massachusetts Institute of Technology.

Woolfolk, A. E. (1993). *Educational Psychology*(5th edition). Needham Heights, MA: Allyn and Bacon.

찾 아 보 기

2

A

B

D

I

K

M

O

P

R

T

V

W

Z

ㄱ

ㄷ

ㅁ

ㅂ

ㅅ

ㅇ

ㅈ

저자소개

남정권(南廷權)

[학력]

- 충남대학교 전자공학과 졸업(공학사)
- 한양대학교 교육대학원 졸업(교육학 석사)
- 한양대학교 대학원 교육공학과 졸업(교육공학 박사, Ph. D, 멀티미디어교육전공)

[경력]

- 숙명여자대학교, 인하대학교, 카톨릭대학교, 한양대학교 강의(교육공학)
- 2005 수학능력시험 평가기준 개발위원(한국직업능력개발원)
- 2종 교과서 심의위원(교육인적자원부)
- 공업계 전문교과(컴퓨터) 교육과정 심의위원(교육인적자원부)
- 중 · 고등학교 교사

[저서]

- 교육공학의 기초(2001). 서울: 장서원
- EBS 수능 choice 정보기술기초(2003). 서울: 한국교육방송공사
- 시선집중 정보기술기초 문제집(2004). 서울: 천재교육
- 원격교육과 교수매체의 활용(2005). 서울: 장서원
- WBI환경과 자기조절학습(2006), 파주: 한국학술정보(주)외 다수

[연구논문]

- 학교의 정보통신기술 교육에 있어서 교육공학의 역할(2002). 춘계학술대회. 한국교육공학연구회. 103-127.
- 정보화 시대의 유아교육 방향(2002). 경기도 유치원 교육과정 연구회. 1-40.
- 교수·학습자료 개발, 공유, 활용방안. 전국 시도교육청 교수·학습자료 운영요원 연수(2002). 교육인적자원부. 43-72.
- 제 7차 교육과정과 ICT 활용교육(2003). 전라북도 교육연수원. 216-229.
- 2005 수능 직업탐구영역의 과목별 성취기준과 평가기준 개발(2003). 한국직업능력개발원. 수탁연구 03-8-12.
- 진정한 e-learning을 위한 EBS 수능 인터넷 강의 전략(2004). 춘계학술대회. 한국교육공학연구회. 103-119.
- 웹 기반 학습 환경에서 집단 유형과 과제 유형에 따른 자기조절학습 효과에 관한 연구(2005). 교육방법연구. 17(1). 19-40.

저자와의 협의하에 인지생략

체제적 ICT 활용 수업의 이론과 실제

2007년 2월 23일 초판 인쇄
2007년 2월 28일 초판 발행

저 자 **남 정 권**
발행자 **박 준 식**

발행처 도서출판 원미사
서울 성북구 장위동 65-192호 우남빌딩 202호
등록 : 1994년 1월 18일(제6-192호)
전화 : 919-9630, 943-3620 FAX : 919-3093

* 파본은 교환해 드립니다. **값 10,000원**

ISBN / 89-5544-111-8